十二星座
人生全攻略

暢銷修訂版

時尚　　解析

娛樂　預測

朦朧夫人◎編著

每一個星座，都是一份說明書，向你昭示著每個人的個性特徵。
握這本十二星座人生全攻略，我們可以趨利避害，識人識己，做出更有利於自己的決定。
看看自己屬於哪個星座，在書中你會找到屬於自己的人生攻略。

　　星座學已經是現代男女談笑間的話題。星座學能夠讓大家更容易瞭解自己，瞭解他人，具有一定的科學性。當別人問你是什麼星座時，如果你還一無所知，說明你已經落伍了，需要好好地給自己充充電了。

　　那麼，什麼是星座，怎樣才能從星座中瞭解自己，瞭解他人呢？我們不妨先從占星術開始神秘的星座之旅。占星術，顧名思義，就是通過對星象的觀測，來推斷現在或近期的生活、運勢、健康等，與自己息息相關的一種占卜方法。占星術的最初目的，是根據人們出世時行星和黃道12宮的位置，來預卜人一生的命運。它後來發展為幾個分支，一種專門研究重大的天象（如日食或春分點的出現）和人類的關係，叫做總體占星術；一種選擇行動的吉祥時刻，叫做擇時占星術；另一種叫做決疑占星術，則是根據求卜者提問時的天象來回答他的問題。

　　星相學家認為，天體尤其是行星和星座，都以某種因果性或非偶然性的方式預示人間萬物的變化。星相學的理論基礎存在於西元前300～西元300年大約600年間的古希臘哲學中，這種哲學將星相學和古美索不達米亞人的天體「預兆」結合起來。占星術起源於古美索不達米亞人的天體預兆。西元前十八～西元前十六世紀的古巴比倫王

朝，出現第一本分門別類論述天體預兆的楔形文字的書。西元前六～西元前四世紀，天體預兆學說傳入埃及、希臘、近東地區和印度。後來經由印度僧人傳到中亞。希臘占星術也曾經傳入印度、伊朗，進入伊斯蘭文化。十七世紀後，隨著日心說的確立和近代科學的興起，星相學失去了科學上的支持。但近年來，星相學又在西方開始抬頭，有人還試圖將近代發現的外行星引入占星術中，並試圖找出行星位置和人類生活的統計關係。

　　星相學雖然和我們的日常生活有著緊密的關係，但我們也要用正確的觀念來對待占星術。就目前的占星術來說，要想比較準確地分析一個人的性格命運，首先需要知道他的星宮和行星都處在什麼位置。星相學理論認為，一個人最少有 22 個代表星座，分別是第 1 至 12 星宮及太陽、月亮、水星、金星、火星、木星、土星，天王星、海王星和冥王星所代表的星座。各星宮和行星分別代表著不同的象徵意義，所以，一個人可提供的代表星座越多，性格特徵的分析才會越準確。如果單以 1/22 的代表星座來占卜一個人的性格特徵，準確性相對較低。所以，我們分析一個人的性格特徵的時候，一定要盡可能多地瞭解一下他的星宮和行星都處在什麼位置，即他的出生日期是什麼時候，這樣才能更加準確地判斷那個人是「敵」還是「友」。

　　眾所周知，在地球上是沒有生物能獨自生存的，我們人類也是一樣。那麼，如何才能擁有良好的人際關係呢？

知己知彼可以說是相當重要的一環。在這方面，星座學能在一定程度上幫助我們。知道對方的出生日期，便可大致瞭解對方的性格特徵，從而縮短我們適應一段新的人際關係的時間。當熟悉了自己和身邊人的性格特徵後，再加以適當的調節，人際關係自然可以得到適當的改善。需要指出的是，儘管星座學具有一定的科學性，但並不具有嚴謹性，更不是全能的預測學，尤其是不可將其作為占卜術進行運作。

本書分為 13 篇，第一篇為 12 星座的總述，其餘 12 篇為各個星座的具體介紹與講解。從第二篇開始，具體介紹與講解了每一個星座的歷史起源，基本的性格特徵，戀愛觀，在工作中如何表現自己，每個星座的健康與時尚，一些有針對性的小建議以及一些有趣的測試題。本書語言輕鬆活潑，內容通俗易懂，時尚性、娛樂性強，方便讀者即查即用。通過此書，讀者可以更好地瞭解自己，瞭解他人，做到「知己知彼」，從而能夠在紛繁複雜的人關係中如魚得水，指導自己的生活和工作，創造更加幸福美滿的人生。

目錄

CHAPTER 1

神奇的 12 星座

在每一個晴朗的夜空，當月亮不再是主角的時候，星星們也會撩開它們神秘的面紗，通過它們或明或暗的閃爍節奏，給居住在另外一個星球上的我們傳遞著它們的資訊。那麼，我們每一個人的人生，又是怎樣跟那些遠在天際的星星們扯上關係的呢？

風風火火的 白羊座 （3/21～4/20）

衝動，愛冒險，慷慨，天不怕地不怕，而且一旦下定決心，排除萬難也要達到目的，而且最喜歡當第一。

CHAPTER 2

愛冒險的白羊座

談情說愛的白羊座

工作中的白羊座

白羊座的健康與時尚

給白羊座的一些建議

星座小測試

刻苦耐勞的 **金牛座**（4/21～5/20）

是一個慢條斯理的星座，凡事總是考慮後再過濾，屬於大
器晚成型，情思也比較晚開。但他有超人的穩定性，一旦
下賭注，就有把握贏。

CHAPTER 3

多才多藝的 雙子座 （5/21〜6/21）

個性敏銳又快捷。有強烈的好奇心和求知慾，對於新觀念和新流行的觸覺十分敏銳。聰明機智，有辯才，是一個謀略家和演說家。遇事都能妥善應對，冷靜觀察，果敢而有擔當。而且常會有一些突發奇想的點子，有大膽假設和小心求證的個性。

CHAPTER 4

敏感多情的 巨蟹座 (6/22～7/22)

天生具有旺盛的精力和敏銳的感覺,道德意識很強烈,對
慾望的追求也總能適度地停止。有精闢的洞察力,自尊心
也很強,同時生性慷慨,感情豐富,樂意幫助有需要的
人,並喜歡被需要與被保護的感覺。

CHAPTER 5

具有王者風範的 獅子座 (7/23～8/22)

正如神話故事所描繪的國王一樣，威嚴、寬厚、仁慈而且高傲。他的內心沸騰著強烈的激情，渾身充滿活力和生機，具有王者風範。

追求完美的 處女座 (8/23～9/22)

很多時候要面對很多實際的瑣事，這時的處女座便不得不在冷漠中面對周圍世界：要麼說話做事很不自然，有做作的痕跡；要麼便極度冷漠和被動，對誰都不理不睬。其實，處女座的人很清楚自己現在的樣子，但他無力改變和控制自己的情緒，只能選擇瘋狂地逃避一切。

CHAPTER
7

理性又浪漫的 **天秤座** （9/23～10/22）

溫柔、嫻雅，品格正直，平易近人，需要忠貞不渝的友誼和愛情。無論天秤座的男性還是女性，都處處閃耀著人格魅力的光輝，以及所蘊藏的藝術上的靈感和才華。

CHAPTER 8

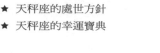

貝有神秘色彩的 **天蠍座** （10/23～11/21）

出生於深秋季節，喜歡安靜清幽的環境。他敢愛敢恨，輕視一切名利之物，但卻擁有成名得利的天賦。他偏重於靈與肉的完美結合。直覺非常敏銳而且準確，行動既瀟灑又獨特，他的這種性格，常常令徒有虛表之人嫉憤不已。

CHAPTER 9

自由豪放的 射手座 （11/22～12/21）

注重精神生活，喜好哲學性的思想，熱衷於遠在個人之上的全人類福祉及世界性的進步，但是容易流於鬆散的樂觀主義。大膽而富有冒險精神，熱愛自由，無論在何種環境下都希望保持精神與行動上的獨立。

CHAPTER 10

保守穩定的 **摩羯座** （12/22～1/19）

充滿智慧，思緒周密。有高度的耐力，在嚴苛的現實環境下仍然能夠耐心等待。個性嚴謹踏實，容易孤獨。從不掩飾利己之心，但是大致上仍能獲得領導者的信賴，也頗具社會使命感，而且懂得趨吉避凶，為自己規劃出一個立身處世的藍圖。

CHAPTER 11

古靈精怪的 水瓶座 （2/20～2/18）

思想超前，理性自重的星座。不願受到約束，博愛，但他還不同於射手座，他較著重於精神層次的提升，是很好的啟發對象。

柔情似水的 **雙魚座** （2/19～3/20）

多愁敏感，愛做夢、愛幻想的星座。天生多情，使他常為
「情」字掙扎，情緒的波動起伏，也跟感情脫不了關係；
但他生性柔弱，很喜歡奉獻，也不會隨意傷人。

CHAPTER 13

Constellation

CHAPTER *1*
神奇的12星座

在每一個晴朗的夜空,當月亮不再是主角的時候,星星們也會撩開它們神秘的面紗,通過它們或明或暗的閃爍節奏,給居住在另外一個星球上的我們傳遞著它們的資訊。那麼,我們每一個人的人生,又是怎樣跟那些遠在天際的星星們扯上關係的呢?

12 星座的來歷

12 星座的劃分

現在我們常說的 12 星座，通常指的是西方占星術裏所劃分出來的星座類別。12 星座最早來自希臘羅馬神話，直到十七世紀，天文學家才把太陽運行的軌道（黃道面），以每 30° 為一個單位，依序劃分為 12 等份，因而產生了 12 星座。

什麼是「黃道」

天文學把太陽在天球上的周年運動軌跡，稱為「黃道」，也就是地球公轉軌道面在天球上的投影。太陽在天球上沿著黃道一年轉一圈，為了確定位置的方便，人們把黃道劃分成了 12 等份（每份相當於 30°），每份用鄰近的一個星座命名，這些星座就稱為「黃道星座」或「黃道 12 宮」。這樣，相當於把一年劃分成了 12 段，在每段時間裏太陽進入一個星座。在西方，一個人出生時太陽正走到哪個星座，就說此人是這個星座的。

具體 12 星座

黃道經過 88 個星座中的 13 個，除了蛇夫座的一小部分之外，它們是白羊座（3/21～4/20）、金牛座（4/21～5/20）、雙子座（5/21～6/21）、巨蟹座（6/22～7/22）、獅子座（7/23～8/22）、處女座（8/23～9/22）、天秤座（9/23～10/22）、天蠍座（10/23～11/21）、射手座（11/22～12/21）、摩羯座（12/22～1/19）、水瓶座（1/20～

2/18）、雙魚座（2/19～3/20），統稱為黃道 12 星座。

有趣的星座現象

　　有趣的是，由於我們只有白天才能看到太陽，而這時是看不到星星的。所以太陽走到哪個星座，我們就恰好看不見這個星座。也就是說，在我們過生日時，卻恰恰看不到自己所屬的星座。

星座基礎知識解釋

基本占星知識

大家知道星座分為 12 個，但看一個人的個性時不能只看他的星座，當一個人是摩羯座時，表示的是他的太陽星座是摩羯座；而要真正分析一個人的個性，還要看其他所有行星，而且每個行星也都掌管著某些特質：

太陽：為一切行星光的來源，每個星都要受到它的影響，是影響人性格的重要方面。

月亮：主宰人的情緒為主。

金星：主宰人的感情（戀愛的人應該要知道對方的金星）。

水星：主宰人的思考傾向、表達能力。

火星：主宰人的意志表現方式。

木星：主宰人的「福氣」、精神生活狀況。

土星：主宰人的受損方式（如何防禦、抑制、延長等概念）。

天王星：影響人的神經系統。

海王星：主宰人的想像力。

冥王星：影響人神志的部分。

上升星：主宰人的命運。

以上這些星星皆要查詢才能知道，而且要將出生年月日及時辰，甚至出生地點也要加上，才能算得準確。除了上升星是「命運」外，其他是影響性格的行星。

◎ 個人星盤

　　個人星盤是指每個人出生時天上的星體，包括太陽、月亮等十大行星的位置圖。從占星學的角度來說，個人星盤可說是個人的生命地圖，透過這張藍圖，可以瞭解每個人的人格、潛在個性，甚至還能看出他未來的各種可能性。

◎ 上升星座

　　上升星座就是每個人出生那一刻，從東方天空升起的那一個星座，它也是個人星盤中第一宮起始點的所在星座。一般來說，上升星座會影響一個人的外貌、氣質以及給人的第一印象，甚至與他人互動的方式。上升星座對個人影響很大，尤其是三十歲以後，它會主宰個人的價值觀及生活態度。

◎ 相位角度

　　相位角度是指行星間形成的角度，例如某人出生時，天上的太陽正與土星形成 90°，或今天天上的土星正跟某人本命的太陽形成 0°。它可以用來解析命運，也可以用來分析運勢，是一項非常重要的占星工具，重要性遠大於一個人的太陽星座。

◎ 內行星

　　內行星是指離地球較近的行星，如太陽、月亮、水星、金星和火星，它們對個人短期運勢的影響很明顯。

◎ 外行星

外行星是指離地球距離較遠的行星，如：木星、土星、天王星、海王星與冥王星。外行星因為離地球較遠，而且運行週期長，通常對個人長期運勢的影響較明顯。例如，木星在一個星座運行的時間大約是一年，所以它對個人的影響時間會長達一年。

◎ 基本特質

由於太陽和月亮兩大星球的影響，每個星座都會有「正」「負」的特質，但表現出正面或負面特質則需看「相位」如何，當然這也不是絕對的，但一般情況下是會表現出這些特質的。下面就是 12 星座的基本特質。

白羊座正面：心思單純，有正義感，勇敢不怕困難，積極。

白羊座負面：以自我為中心，不顧他人，急躁。

金牛座正面：有耐心，脾氣溫和，腳踏實地，堅持到底，有藝術氣息。

金牛座負面：固執，佔有慾強，不知變通。

雙子座正面：反應快，機靈，足智多謀，口才好，多才多藝。

雙子座負面：不專心，容易矛盾，見異思遷。

巨蟹座正面：感情真摯，念舊，懂得體貼，善解人意。

巨蟹座負面：情緒起伏不定，多愁善感，過度保護自己。

獅子座正面：熱情，大方慷慨，同情弱小，有領導力。

獅子座負面：自我意識太強，好面子，喜歡浪費，喜歡被奉承。

處女座正面：守秩序，勤勞，追求完美，做事有條理，會服務別人。

處女座負面：吹毛求疵，嘮叨，人際關係不好，杞人憂天，神經
質。

天秤座正面：追求公正，喜愛美麗事物，優雅，浪漫，會交際，善
謀略。

天秤座負面：猶豫不決，好辯，好逸惡勞，愛找藉口。

天蠍座正面：執行能力強，意志堅定，情感忠貞，沉穩內斂。

天蠍座負面：報復心重，愛恨分明，佔有慾強，有疑心病。

射手座正面：樂觀，愛好自由，坦白率真，和平友善，活潑大方。

射手座負面：太過直言，粗心大意，做事衝動，喜怒形於色，沒耐
心。

摩羯座正面：重傳統，不畏艱難，謙遜有禮，重紀律。

摩羯座負面：只顧自己，不夠浪漫，不會變通，太現實。

水瓶座正面：樂於助人，有創意頭腦，感情忠實，有前瞻性。

水瓶座負面：怪異行為，喜歡多管閒事，對人冷淡，不切實際。

雙魚座正面：慈悲，會體諒別人，想像力好，溫柔，善解人意，重
直覺。

雙魚座負面：太情緒化，逃避現實，不會理財，愛說謊，有濫情傾
向。

12 星座的分類方法

　　黃道 12 星座代表了 12 種基本性格原型，一個人出生時，各星體落入黃道上的位置，正說明著一個人的先天性格及天賦。黃道 12 星座象徵心理層面，反映出一個人行為的表現方式。每個星座均有其象徵意義，但認識星座最好的方法就是了解星座是如何分類的。

按陽性和陰性分類（二分法）

　　地球依著黃道運行，產生寒暑變化，也有陽變陰，陰變陽的變化。以陽奇陰偶的法則：

　　陽性星座：白羊座、雙子座、獅子座、天秤座、射手座、水瓶座。

　　陰性星座：金牛座、巨蟹座、處女座、天蠍座、摩羯座、雙魚座。

　　陽性星座通常都帶有陽性的特質，有主動的特性，大多是有進取心的、積極主動的理想主義者；而陰性星座剛好與陽性星座相反，通常都帶有陰性的特質，大多是性格內向的、被動的戰略家。

按本位型、固定型、變通型分類（三分法）

　　這種分類法跟四季有關，在此把星座分為本位型、固定型、變通型三類，分別象徵著一季的開始、發展和結果。

　　本位型：白羊座、巨蟹座、天秤座、摩羯座，這類星座屬於領導者型。

　　固定型：金牛座、獅子座、天蠍座、水瓶座，這類星座屬於組織者型。

變通型：雙子座、處女座、射手座、雙魚座，這類星座屬於傳授者型。

本位型星座，是季節的開始，代表一個新的開始，是事情的成因，因此有影響結果之作用，具有影響他人的特質。接下來的固定型星座，是季節的中間，代表承續的發展，受成因的限制並影響結果的發展，因此有承前啟後的特質，具有遵守規範的性質而被認為是固執和守舊，所以容易滿足而顯得頑固。最後變通型的星座，是季節的最後，代表最後的結果，完全受成因及過程的影響，毫無自主性地必須接受其他成因的影響，因此極易被影響，具有適應變化的特質，所以容易受影響。

按水、火、土、風四種自然元素分類（四分法）

古代西方哲學家認為，構成自然界的物體並衍生萬物的物質是水、火、土、風四大元素。地球依著黃道運行其實就是四大元素的流轉變化，因此黃道 12 星座也可區分為：

水象星座：巨蟹座、天蠍座、雙魚座；

火象星座：白羊、獅子座、射手座；

土象星座：摩羯座、金牛座、處女座；

風象星座：天秤座、水瓶座、雙子座。

水象星座的人溫柔寧靜、感情細膩，對事物的洞察力極強，直覺也很敏感，但有時想法卻不切實際而且喜歡感情用事。火象星座的人精力充沛，感情奔放激烈，有十足的行動力，但來得快去得也快，有時較草率和粗心。土象星座的人慎重、冷靜，對待感情真誠持久，做事也腳踏實地，但有時過於保守和自信心不強。風象星座的人思維發達，想像力豐富，有思想家的傾向，擅長社交，語言表達能力強，但性格變化多

端，有喜新厭舊和情緒化的毛病。

　　一般來說，水、火、土、風四種類別中，火和風相處較好，土和水相處不錯。俗話說：風助火勢。風象星座的人冷靜、理性，火象星座的人熱情、衝動，這兩種人在一起時，風象星座的人往往以理性輔助火象星座的人，在行動上也經常給予指導。土象星座的人在感情方面穩重持久，水象星座的人在感情方面由於過分敏感而情緒波動較大，因此土象星座的人往往能夠關懷、安慰水象星座的人，在感情上就形成了一種輔助關係。

不可不知的12 星座經典

☆ 12 星座的代表意義及格言

白羊座代表「繁榮」，這個星座的格言是：「神按照他的形象造人，所以有志者事竟成」。

金牛座代表「豐富」，這個星座的格言是：「一棵草，一點露，老天必不使你匱乏」。

雙子座代表「互補」，這個星座的格言是：「人際關係是使自己快速提升的最佳途徑」。

巨蟹座代表「愛」，這個星座的格言是：「有愛一切沒問題，沒愛一切有問題」。

獅子座代表「快樂」，這個星座的格言是：「快樂永遠是對的，做人快樂最重要」。

處女座代表「完美」，這個星座的格言是：「對世界之批判，乃是對於神之批判，因老天所造之物無不完美」。

天秤座代表「公平」，這個星座的格言是：「真佈施不怕假和尚」。

天蠍座代表「火鳳凰」，這個星座的格言是：「失敗為成功之母」。

射手座代表「變與常」，這個星座的格言是：「變是不變的道理」。

摩羯座代表「成功」，這個星座的格言是：「成功並非不可及，成功乃是不可免」。

水瓶座代表「分享」，這個星座的格言是：「你給生命的，就是生命給你的」。

雙魚座代表「奇跡」，這個星座的格言是：「生命的誕生和運作就是奇跡，但要人類相信奇跡卻比奇跡發生還困難」。

⭐ 12 星座經典愛情獨白

白羊座：「我愛你」三個字不夠，應該是「我超愛你」四個字才對。

金牛座：等一下啦！我再觀察一下，我們到底能不能成為情人？

雙子座：誰說我花心，我只是不知道怎樣學會不變心。

巨蟹座：不要考驗我的「敏感」，我會讓你覺得自己像個透明人。

獅子座：當我喜歡你時你不必熱淚盈眶，只要請我吃一頓飯就是最好的表現了。

處女座：我一點也不囉唆和挑剔，真的！只要你懂得潔身自愛的話……

天秤座：我不要求「美感」，吃的穿的都一樣，情人就更不用說了。

天蠍座：靜靜地躺在黑幕做成的床上，想像著有充滿魅力的人來陪我。

射手座：我喜歡說笑話給「大家」聽，所以當我的情人很快樂，也很痛苦。

摩羯座：要約會嘛，我先看一下行程表，因為我的愛情和工作一樣需要計量。

水瓶座：如果你是一個可以和我談天說地的朋友，或許我們有機會

成為情人。

雙魚座：浪漫是我的天職，柔情是我的本性，愛情則是我珍貴的養分。

⭐ **12 星座經典之最**

最心細者：天蠍座男生、巨蟹座女生。

最粗心者：白羊座男生、白羊座女生。

最會做夢者：巨蟹座男生、雙魚座女生。

最實際者：金牛座男生、天秤座女生。

最會調情者：天蠍座男生、雙魚座女生。

最不會調情者：天秤座男生、摩羯座女生。

最善解人意者：巨蟹座男生、雙魚座女生。

最木頭者：處女座男生、摩羯座女生。

最好色者：金牛座男生、天蠍座女生。

最不好色者：天秤座男生、摩羯座女生。

最有女人味者：雙魚座男生（意指有女性化表現）、雙魚座女生。

最有男子氣概者：摩羯座男生、白羊座女生（意指有男性化表現）。

做事最有計劃者：天蠍座男生、水瓶座女生。

做事最沒有計劃者：雙魚座男生、雙魚座女生。

最會寫情書者：雙魚座男生、巨蟹座女生。

最不會寫情書者：白羊座男生、金牛座女生。

最有理財觀念者：天秤座男生、巨蟹座女生。

最沒有理財觀念者：白羊座男生、獅子座女生。

最受異性歡迎者：雙子座男生、雙魚座女生。

最有領導慾望者：獅子座男生、射手座女生。

最甘心被人領導者：處女座男生、雙魚座女生。

最有家庭觀念者：巨蟹座男生、巨蟹座女生。

最沒有家庭觀念者：雙子座男生、射手座女生。

用錢最節儉者：金牛座男生、處女座女生。

用錢最奢侈者：射手座男生、獅子座女生。

最不受異性青睞者：處女座男生、摩羯座女生。

最懂得羅曼蒂克者：雙子座男生、雙魚座女生。

最不懂羅曼蒂克者：處女座男生、摩羯座女生。

做事最慢條斯理者：金牛座男生、雙魚座女生。

做事最虎頭蛇尾者：射手座男生、獅子座女生。

做事最貫徹始終者：天蠍座男生、摩羯座女生。

反應能力最佳者：雙子座男生、處女座女生。

反應能力最差者：金牛座男生、金牛座女生。

用情最淺要求最多者：獅子座男生、雙子座女生。

用情最深最無私心者：巨蟹座男生、雙魚座女生。

對異性有征服慾望者：獅子座男生、白羊座女生。

對異性無征服慾望者：處女座男生、雙魚座女生。

做事最上進最積極者：白羊座男生、白羊座女生。

智力測驗平均分最低者：雙魚座男生、摩羯座女生。

智力測驗平均分最高者：水瓶座男生、天蠍座女生。

✎ 從偏愛的顏色看看你會走什麼運

一個人對色彩的偏愛，往往會體現在日常的穿著上，而你所選的色彩往往又會透露出你內心的困惑、疑慮和企圖。現在，請你在下列十一種顏色中，選擇出你這段時間最常穿的顏色。看看服裝的色彩會給你帶來什麼樣的運氣。

1.紅色　2.黑色　3.白色　4.黃色　5.橙色　6.綠色

7.藍色　8.灰色　9.紫色　10.咖啡色　11.深藍色

📄 答案解析

1.紅色

健康分數：60 分。會因為過於急躁而導致胃腸疾病或運動損傷。

事業分數：98 分。雖然企圖心旺盛，也很積極，但是「心急吃不了熱豆腐」。

人緣分數：50 分。會因為你的過度強勢和霸道，而使某些人疏遠你。

生財分數：90 分。如果是合適你的模式，它確實是個財運色；如果不在你的磁場範圍內，它也許是你的破財色。

2.黑色

健康分數：－30 分。無法讓其他有利於自己的色彩能量進入。

事業分數：20 分。看起來似乎是領導級的人物，其實也不盡然。

人緣分數：－70 分。企圖用黑色把自己封閉起來，人緣可想而

知。

生財分數：－100 分。很不幸，財運是不可能到來的。

3.白色

健康分數：100 分。有最高的透光率，能接受大量的能量，健康有保障。

事業分數：50 分。能搭配上適合個人的色彩，事業會更上一層樓。

人緣分數：20 分。由於你的過度挑剔和潔癖，讓不大瞭解你的人敬而遠之。

生財分數：0 分。不要只指望單調的色彩，若能結合自己的財運色，則會收到意想不到的效果。

4.黃色

健康分數：90 分。善於溝通的人是比較長壽的。

事業分數：80 分。能把自己的想法適時地表達出來，當然容易成功，但小心高處不勝寒。

人緣分數：90 分。一個對自己和他人都不錯的人，人緣當然也不錯，不要一味地毫無保留。

生財分數：80 分。如果再提高一下自己的溝通能力，財源更是源源不斷。

5.橙色

健康分數：80 分。熱情和生命力旺盛，健康狀況當然不錯，但切記不要太急。

事業分數：70 分。沖勁十足但後勁不足，通常是「雷聲大雨點小」。

人緣分數：80 分。開朗的笑容吸引著一些有活力的人。

生財分數：90 分。偏黃的色彩一直是榮華富貴的代表色，只要運用恰當，確實有生財的功能。

6.綠色

健康分數：100 分。不喜歡和人爭長短，淡泊名利，一切都想得開，當然會長壽。

事業分數：50 分。率直的個性往往被人利用，成為替人家打天下的人。

人緣分數：100 分。和善可親，又不排斥不喜歡的人，因此每個人都喜歡你。

生財分數：100 分。善於理財，節儉持家，當然財源滾滾了。

7.藍色

健康分數：80 分。雖然冷靜是你的優點，但憂鬱的性格是你要注意的。

事業分數：80 分。如果能夠使想像力和創造力齊頭並進的話，那將是如虎添翼。

人緣分數：40 分。悲觀和情緒化會讓身邊的人越來越厭煩。

生財分數：30 分。往往考慮得太多，等你行動時，錢都已經不在了。

8.灰色

健康分數：20 分。不透明的灰色雖然比黑色好，但也好不到哪兒去。

事業分數：70 分。如果你想功成名就，它挺適合的。

人緣分數：－50 分。只比黑色好一點而已。

生財分數：30 分。因為由灰色而成功，當然利益也會隨之而來。

9. 紫色

健康分數：40 分。自視過高，不容易得到滿足，容易患精神衰弱。

事業分數：20 分。有些讓人捉摸不定，雖然你們要的只是精神上的寄託。

人緣分數：20 分。裝腔作勢會讓你失去想要的東西和你親近的朋友。

生財分數：100 分。雖然是很好的財運色，但也要搭配得當，才能發揮超強的賺錢能量。

10. 咖啡色

健康分數：90 分。雖然有些欠缺年輕氣息，但規律的生活使你還算健康。

事業分數：90 分。冷靜沉穩是搞好事業的根基。

人緣分數：98 分。是一個不錯的好朋友，人緣自然好得不得了，可是異性會說你是木魚疙瘩。

生財分數：30 分。雖然看起來有富貴氣息，但由於太過壓抑，難以順利伸展。

11. 深藍色

健康分數：5 分。因為你經常深思熟慮而廢寢忘食，使精力嚴重透支。

事業分數：90 分。你將會是一個好的領導者，但不一定是一個好老闆。

人緣分數：40 分。你周圍的人都非常敬重你。

生財分數：80 分。你自身的能力加上周密的計畫，使你頗有「錢途」。

Aries

CHAPTER 2
風風火火的白羊座

白羊座（3/21～4/20）

衝動，愛冒險，慷慨，天不怕地不怕，而且一旦下定決心，排除萬難也要達到目的，而且最喜歡當第一。

 愛冒險的白羊座

★白羊座起源的美麗傳說

傳說一

在一個遙遠而古老的國度裏，國王和王后因為性格不合而離婚，國王又娶了一位美麗的王后。可惜，這位新后天性善妒，她看到國王對前妻留下的一對兒女百般疼愛，非常惱火。日積月累，她決定除掉王子和公主，奪回國王的愛。

春天來的時候，新后將發放給百姓的麥種全部炒熟，這樣，農民們無論怎麼澆水施肥都不可能使麥子長出新芽。這時，新后開始散佈謠言，說莊稼種子無法發芽是因為國家受到了詛咒，而受到詛咒完全是因為王子和公主邪惡的念頭！因為邪惡的王子和公主，全國的人民都將陷於貧窮饑餓的深淵中，這是一件多麼可怕的事啊！善良而淳樸的百姓輕易地相信了王后的話，很快地，全國各地不論男女老少，都一致要求國王將王子與公主處死，國家才能解開這個詛咒，平息天怒，人民的辛苦耕種才會有收穫，國家也才能恢復過去的安定富足。國王眾怒難犯，雖心有不捨，但還是下令處死王子和公主。

這個消息傳到了王子和公主的生母耳中，於是她便向宙斯求救，日日祈禱。宙斯很快知道了這件事情，就在行刑的當天，他派出一隻長著金色長毛的公羊將王子和公主救走了。王子一直沒有感到恐懼，因為他的天性樂觀；然而公主頑皮粗心，就在飛躍大海的時候，一不小心掉下羊背摔死了。宙斯為了獎勵公羊，將它高高懸

掛在天上，也就是今天大家熟知的白羊座。

傳說二

　　傳說，特沙里亞罷黜皇后妮菲蕾，另娶伊娜為妃。伊娜虐待前妻的子女，視他們為眼中釘，必欲除之而後快。妮菲蕾獲知後，向天神借了一對金色的白羊，要救兩兄妹逃出苦海。但在逃亡過程中，妹妹經不起海濤聲的驚嚇，不慎墜入海中溺死。最後，白羊因救人的善行，被宇宙之神宙斯放置在天上，成為白羊星座。

傳說三

　　菲利塞思是奈波勒之子，因蒙上姦污彼阿蒂斯的不白之冤而被判處死刑。臨刑之前，一隻金色的公羊及時將他和妹妹海勒一起背走。不幸的是，妹妹因不勝顛簸一時眼花而落下羊背，菲利塞思則安然獲救。他將公羊獻給宙斯當祭禮，宙斯將它的形象化為天上的星座。後來伊阿宋為了奪走這只金羊的羊毛，還展開了一段精彩的冒險故事。白羊座也被稱作「牧羊座」。

★白羊座的性格特點

　　大部分屬於白羊座的人脾氣都很差，不過只是發洩一下，絕對不會放在心上，所以很快便會沒事了。白羊座是黃道第一宮，因此它是最喜歡成為第一的強者星座。另外，火星掌管白羊座，他們必須燃起熊熊的烈火，否則人生黯然無光。白羊座的男人都是典型的大男人主義者，他們不會要別人的同情或幫助，一定要靠自己來獲得成功；而白羊座的女人不會甘心當全職的家庭主婦，她一定要有自己的事業，許多女強人都是白羊座的。外表上行動匆忙，步伐急速，說話自信，做事不拘小節，絕不拖泥帶水。

白羊座的人令人覺得他開朗而熱情。即使他內心有那麼點害羞，但表面上仍可以很自在。當一頭白羊愁眉苦臉時，也只會出現在他家裏的鏡子中。就算他再傷心，他也不會在別人面前擺出一副苦臉。好強？可以這麼說。誰不好強呢？其實白羊座的人仍會向朋友吐苦水，但他真正的眼淚，你是看不到的。一群朋友，開開心心的，在陽光下嬉耍，是白羊座最懷念的美好時光。悲鬱的人生絕不是白羊座的人所嚮往的；不幸陷入時，他也會極力設法讓自己不要太相信會就這麼過一生，他全心希望有一個新生活。

★白羊座的優點和缺點

優點：做事積極，熱情，有活力，敢擔當，講義氣，樂觀進取，有自信，勇於接受新觀念，有明快的決斷力，坦白，率真，爆發力強，勇於接受挑戰，不畏權勢。

缺點：自我中心太強，急躁缺乏耐性，粗心大意，說話欠考慮，做事瞻前不顧後，只有「三分鐘熱度」，容易惱羞成怒，缺乏時間觀念，不懂得照顧身體。

★白羊座的處世方針

有獨特的構想，迅速的行動，充滿創造力和活力，但太過性急。喜歡追求速度及刺激的白羊座，討厭多次練習後才會有成效的事物，所以在工作時應該多培養耐心，並且時時與優秀的對手為友，彼此互相切磋，以開發過人的能力，為自己創造良好的機會。不屈不撓，自信十足的你，能抓住及時出現在眼前的工作機會，但是當你在工作上的努力表現沒有受到上面的肯定，或者你覺得自己

的潛能已經疲乏時，你會對這個工作產生排斥而心生離職的念頭。如果你想離開這份工作，最好以理性的方式重新思考你的得失，更不要衝動地爆發出你對公司或同事的不滿，這樣只會讓你樹立更多敵人，也會把你之前的工作表現一起抹殺掉。

★白羊座的幸運寶典

守護星：火星（象徵能量與精力）。

守護神：希臘－阿瑞斯，羅馬－馬斯。

屬性：火象星座。

幸運數字：9。

幸運日期：9號，18號，27號。

幸運星期：星期二。

幸運時間：6：00～8：00。

幸運方向（約會方向）：東、北。

幸運場所：大都市。

誕生石：鑽石（改運，避災，增強信心）。

守護石：紅寶石（強化戰鬥意志、化解衝突）。

幸運寶石：紅寶石。

幸運材質：鐵、石、棉。

幸運花卉：小雛菊、紫莞。

適合服飾：引人側目，強調野性，帥氣、熱情的服裝。

流行敏感度：尖端新潮。

每月最需注意的日期：6號，15號，24號。

適合職業：政治、醫學、演藝、法律、大眾傳播等行業。

適合定情飾品：胸針。

 談情說愛的白羊座

♥白羊座的愛情總述

白羊座大都希望早婚。看似粗枝大葉，卻喜歡做家事。他們是有實行力的大自信家。白羊座的愛是宮廷式的愛，而穿著閃亮盔甲的騎士，是不會吝嗇或不認真地愛一個人的。然而他們所愛的通常是那華麗的理想，而不是那位可能有些激動地坐在那兒，旁觀著騎士們，為了她而展開競技的公主。

對白羊座而言，愛的樂趣來自於追求的過程。對許多白羊座的人來說，愛就是追求，而不是到達終點或獲得芳心。一旦他們得到了獵物，要不就是吃掉它，要不就是做成標本掛在牆上。從獲得成功的那一刻起，捕獵的過程就已結束。

白羊座就像另兩個火象星座——獅子以及射手座一樣，是天生的浪漫主義者。平凡的愛無法吸引他們。就好比圍坐在火堆旁烤魚，除非，那火堆是他們被困在積雪的山裏三天後才擁有的火堆；除非，那魚是他們歷盡千辛萬苦才捕得的，否則這樣的活動一點意思也沒有。只要事情落入俗套了，白羊座的人——無論男或女，便開始打哈欠了。

♥白羊座男子的愛情觀

白羊座的男子絕對熱情，但是卻有著童話般的感情模式：把自己想像成王子或騎士，對方就會被想像成公主或是城主的女兒。換個角度來看，既然你有著這樣讓他心動的想像身份，那你就得為這

個身份而保持形象。他的脾氣不是很好，很容易就暴怒。在感情中，他必須要站在主導的地位，否則他會生氣，氣起來有時會像孩子般，蠻橫不講理。他不會不負責任，只是對很多事情「三分鐘熱度」，所以保持他對這個感情的樂趣及熱情就很重要；保持你的淑女風範，像是照顧孩子似的照顧他，聽他說話，讓他掌權，別破壞他的男子氣概。

♥白羊座女子的愛情觀

　　白羊座的女子走自己的路，你要來追她，你就得先跑得過她，並且在她面前先架好一面精心設計，不被她察覺的網，但是誰能跑得過她？她有夢中情人，她甚至期待著夢中的「白馬王子」，或是那個解救她離開，滿是荊棘桎梏的城堡閣樓的騎士。這個在現實中所出現的人，卻得強過她！雖然她霸道蠻橫，但卻期待能被真正的強者所征服，跪倒在她的膝前；用充滿柔情蜜意以及自信的眼神，看著她的愛人。別想要這個女人放棄驕傲及自信，也別想強迫她，更別想把她放在幕後。她要求絕對的自由！而你必須信任她，就像她也信任你一樣。她不會用騙人的那一套，而且對你的一見鍾情，到現在仍讓她感到甜蜜，更何況她是那麼勇敢。

♥白羊座的愛情配對

　　白羊座有剛強、倔強、固執而不服輸的天性，所以適合找一個能肯定他的人。因此，能巧妙地安排生活的獅子座，是最適合的對象；個性明朗樂觀的射手座，能以最寬厚的態度謙讓白羊而採取同一步調；有共同目的又能互相勉勵的白羊座，也是相稱的對象。而

像性情易變的巨蟹座，優柔寡斷的天秤座，古板的、固執的摩羯座，都不宜相配。

最來電的星座：射手座，配對指數 100 分（白羊座居上風）。

同屬火象星座，兩人都是熱情如火；戀情發展快速而濃烈，性格觀念接近，所以是耀眼的一對。

最不協調的星座：處女座。配對指數 40 分（白羊座居下風）。

豪放大氣的白羊座跟敏感細緻的處女座，很難找到交集點；若想愛情長長久久，需要祈求老天爺多多幫忙！

工作中的白羊座

■白羊座的 EQ （情商）指數

EQ 指數為 70～96。

在四季的時序中，白羊座佔領「早春」這個令人愉悅的季節，而天生領導者的白羊座在與人相處時所展現出來的魅力，正如這個季節一般令人喜於接近。白羊座積極的性格一如奔騰翻湧的波濤，可以擊退任何可能橫亙在面前的阻礙。但只看見夢中和眼前的事，太過勇往直前是白羊座的缺點，要知道偶爾停下來環視生活周遭的美景，往往才是下一次衝刺的活力源頭。

■白羊座的工作態度

白羊座的人天生具有很好的突擊精神和精力，再加上積極努力的魄力，當靈感一閃，腦中產生了構想及做法時，就會馬上採取行動，做任何事都喜歡跑第一，立在最前端，充分地發揮領導的能力。但在性格上耐性卻不夠，容易生氣動怒，討厭別人嘮嘮叨叨，但有著創新的活力，意志力堅強，是個能爭奪、能戰鬥，能征服的人。

在工作方面，勇於冒險，不吝嗇，有領導能力是白羊座最大的魅力，然而一心想做英雄，不管別人的看法，攻擊過度，好鬥性急是缺點所在，尤其是不管工作喜不喜歡，比較偏向以金錢來衡量工作的意義。因此，白羊座的人在性格上的缺陷，就是不踏實去思考人、事、物，有時對於心儀的工作或對象，往往會產生偏見，甚至過於美化，因此容易自我欺騙。

■白羊座適合的工作

　　白羊座是最活潑好動的星座之一，要他安安靜靜地坐著那簡直是一種虐待！他常常像孩子一樣充滿了好奇心和活力，所以不適合做太死板的工作，最好的方式就是讓白羊們去發揮他們衝鋒陷陣的長處。例如，一些基層的主管和管理或者充滿熱情的行銷人員，都是很適合白羊座的工作呢！除了這些，白羊座也擅長機械的修理和操控，很容易成為這方面的佼佼者；同時正義感超強的他們，也可以嘗試軍警之類的工作，這樣不但可以揮發掉白羊座的火氣，還可以在打擊犯罪時得到很大的成就感呢；白羊座的運動神經是很優秀的，所以也有不少的白羊座成為運動場上的健將，為國家贏得了許多榮譽。

■白羊座最佳辦公室星座組合

　　個體性質：熱血每天灑，義勇先鋒就是我！

　　這個人可以當開路先鋒，尤其是你今天要是有難言之隱或是不好意思的地方，白羊座的同事都會當仁不讓地幫你，他的熱情絕對是「送佛送上天」型的，不僅世間少有，還是一個不懼強權的開路先鋒。不過前提是，你也要是個開朗的人，或是能和他一起樂天的人，否則會對於這個樂觀同事感到吃不消；他就像是一個對於世界充滿好奇的寶寶，可愛又天真——但是哭鬧也是他的本事，這點可別忘了喔！

　　最佳辦公室星座組合：天秤座、獅子座、雙子座、射手座、水瓶座。

■白羊座工作小竅門

白羊座：避免衝動急躁。

白羊座做事有魄力，行動力強，這是優點。但是有時往往顯得過於急躁，恨不得所有事情都在第一時間完成，見不得別人浪費時間。但一定要知道，在別人眼中，做事太快，有時往往和做得不夠仔細聯繫起來。況且，並不是所有人都有你這樣的高效率，給別人留下一點時間，也是給自己多留下一些好感。

 ## 白羊座的健康與時尚

✚ 適合白羊座的健康之道

熱心，不畏艱難的白羊座，只要專注在一件事情上便會埋頭努力去做，而且在做事當中，自信滿滿是他的特質，像減肥塑身的美容大事，一旦下定決心，用盡各種方法也會堅持完成它，建議你上醫院，經醫生或營養師評估過的健康營養食譜相當有用，按照食譜所規定的來實行，另外再配合適當的運動，如：打羽毛球，跑步、游泳、上健身房等。唯一需要提醒的是，白羊座的人對金錢觀念很薄弱，切忌上美容院或瘦身中心，做全身上下要花錢去脂的塑身方法，怕是在減去脂肪的同時，也瘦了荷包。因為白羊座的意志力強盛，不妨用自己心儀或崇拜的偶像照片作為自己追逐的目標，想像自己瘦的樣子，或是用一套漂亮的衣服來鼓勵自己早日用更合穿的身材來展現它，做一個漂亮迷人的健美女郎。

✚ 白羊座的健康狀況

白羊座性急的個性，其實和腎上腺素有關。遇到緊急狀況時，白羊座是黃道帶的第一個星座，掌管人體的第一個部位，也就是大腦。大腦是思考的器官，也是人體最重要的器官。白羊座的人，無論男女，都十分注意體形的健美和外表的呈現所帶給外界的感覺。因此，只要是以體力或智慧表現的活動，都非常容易拔得頭籌。

✚白羊座的飲食禁忌

白羊座，生於春天，天生熱情好動，運動神經發達，擁有堅實的骨骼，發達的肌肉。愛好美食是白羊座的天性，所以腸胃系統不是很強壯的白羊座，其他部位很勻稱，卻容易長出難看的小肚子，這時及時排出腸道內的毒素就很關鍵了。如果有消化不良、食慾不佳，手腳痠麻，倦怠之病狀，可食用黑麥、甘藍、蘋果、梨子等。

✚健康減肥大作戰

瘦身必殺技：生菜斷食療法。

每天兩餐，並且只吃生的蔬菜和糙米糊，連續七天。如果你能堅持下來，通常在第四天時就會排出大量的宿便，效果非常明顯。

具體三餐如下：

早餐：不吃。

午餐：生蔬菜 500 克。包括葉類蔬菜 250 克，根莖類蔬菜 250 克，搗成泥或榨汁均可。生糙米粉 70 克。食鹽 4 克。

晚餐：與午餐同。

每天飲用兩公升水或無糖綠茶。

在日本，有很多人正在用這種方法改善健康狀況，其主要功效是，能夠很快將人體內的毒素排出，淨化身心，達到成功減肥的目的。

另外，白羊座可以找個人來比賽減肥。白羊座的競爭意識非常強，很不願意輸給別人，所以可以先找出一個競爭的對象，在心中告訴自己：「我才不要輸給他！我一定要比他更瘦！」然後再開始進行減肥計畫。這種激將法用在白羊座身上是非常有用的。

✚白羊座的時尚寶典

不花錢就難受的白羊座屬於及時行樂型，他對金錢沒有什麼概念，有錢就想花，所以在物慾橫流的上流社會中，他不在意財富的累積，而更注重夢想的實現。

白羊座的 MM 勇敢的心也在期待愛情。對於白羊座的 MM 來說，最微妙的心情，莫過於渴望征服對方而又渴望被對方所征服。她喜歡棋逢敵手所帶來的那種快感，這樣的愛情會使她煥然一新。所以清朗的條紋髮卡，簡練如白羊座 MM 平日的處事態度，簡單而不失活力。白羊座的人不畏艱辛，酷愛自由，有堅強的忍耐力，充滿激情，建議採用紅色作為主色調，如紅寶石戒指和項鍊，紅色的唇彩等。在配飾風格上，高雅大方的首飾是正確選擇。

白羊座的男生對於自己很有期許，總是表現他最好的一面給大家看。由於他的脾氣比較烈，所以可以用比較輕鬆的香水來削弱一些霸氣，給人比較溫和的味道；建議使用東方甜香類的香水，它們雖然味道較為濃烈，但是能給人較為緩和的感覺，在需要協調的場合裏，很適合抹這類香水。適合的香水有東方甜香類原料的香草、蜂蜜、龍涎香等。

 ## 給白羊座的一些建議

📢 成功需要做的

1. 力求表現，爭取有主導性的工作。

2. 多加發揮積極進取的個性。

3. 提高工作效率與加強判斷力。

4. 記得制訂工作的計畫表，確實按表來執行。

5. 做事務必沉穩，切勿草率急躁。

📢 失敗時要注意的

1. 容易衝動、亂發脾氣。

2. 做事沒有耐性，沉不住氣。

3. 思考欠周詳，缺乏通盤的計畫。

4. 喜歡表現出敵對的態度及攻擊性。

5. 做事只往前衝，沒有考慮到後果。

📢 給白羊座的愛情建議

關於愛情，白羊座的人格特質及絕佳的幽默感，能輕易吸引別人靠近你，但衝動式的熱情，卻讓你每一回合的戀情，都會認為對方就是你的白馬王子（白雪公主）了。白羊座應該學習懂得，愛情應當是日漸成長才能持續長久的，不要激情一消失就感到無聊。

你充滿自信，對想做的事因自信而成功。你會朝目標全力以赴，這種個性不能忍受懦弱的人，唯有能力強，具有領導特質，受

人信賴，有實力且充滿自信的人才能與你相配。你的理想情人是威風、自信的人。

有些熱情莽撞的你，很容易有一見鍾情式的戀情，但是當兩人的愛情趨於穩定之後，你可能會漸漸忽略當初他吸引你的優點，假如，他在各方面的成就或成長追趕不上你時，你可能會忘記當初對他的一往情深。

◁ 職場上的人際交往

白羊座的人服務精神旺盛雖是一件好事，但是他往往會做得太過。白羊座的人對喜歡的人會發揮出驚人的親切感，對不喜歡的人和對自己不禮貌的人動不動就生氣，絲毫沒有一笑置之的氣量，如果又不受到重視的話那可就不得了了。最需要注意的是白羊座的人有吹牛的習慣。明明有責任感的白羊座，卻會因這樣而使對方不信任自己，使自己的世界縮小了。此外，自己的反應快沒關係，但卻不可以因為對方反應慢而大吼大叫。

◁ 給白羊座的忠告

天生具有領導才能的白羊座，像顆爆發的火球，對工作的要求是個標準的完美主義者，對生活上的一些小細節，雖然偶爾會粗枝大葉，但在工作時卻會努力將工作做到盡善盡美，但較缺乏耐力和毅力將事情完整地做完。長期面對工作的壓力，白羊座會常態性的緊繃得像一根弦一樣，所以極需適度自我的放鬆休息。由於工作上的競爭需要，白羊座女子的積極性格可採用含香橙、檸檬、乳香、麝香，迷迭香和薰衣草等組合主調香料，除了可增加工作的自信外，也可透過芳香來提神，使工作更有效率。

 星座小測試

✎ 測試一：什麼樣的另一半才適合你

有一個條件非常吸引你的工作機會正等著你，這個使你心動，做下換工作決定的條件是什麼呢？

A.容易結識男或女朋友的公司。

B.能夠拓展人際關係。

C.工作輕鬆。

D.可以發揮所長。

E.高薪。

F.工作內容有趣。

📄 測試結果

A：你很樂觀，而且是一個非常隨緣，跟著感覺走的人。對你來說，愛是沒有條件的，婚姻更不應該用條件來取決，緣分才重要。你認為即使一個條件再好的人，如果沒有緣分或感覺不對，都不具有意義。這樣的你，對將來的結婚對象沒有什麼特別的條件與要求，只要有緣，誰都好。

B：你非常重視外在環境。因為你很關心別人對你的評價，所以身份、地位對你來說挺重要的。這樣的你一定很愛漂亮，時時注意自己的言行舉止、穿著打扮，不讓自己有失禮、出糗的機會。另一半，當然是要長得好看，身材比例要好，上得了臺面，能與你匹配的人嘍！

C：你是一個自由慣了的人，不喜歡束縛，當然也就絕不會做出會讓自己有負擔的事。如果結婚不會讓你的生活及人生更美好，你倒寧可選擇單身。所以呢，要成為你的結婚對象的人，一定非長子或獨子。因為你希望讓自己沉浸在幸福的兩人世界中。

D：你是一個蠻保守的人。你認為要有好的生活，好的人生，就一定要有相當的學識。只有靠它，你的未來才會安定。你需要的就是安全感。能夠給你將來家庭一個安定的生活的人，才是你理想中的結婚對象。因此，你覺得嫁給一個高學歷的人至少是安全的，即使不會大富大貴，卻能安心地過日子。

E：或許你認為薪水是對自己能力的肯定，或許你其實是拜金主義，金錢於你，確實是很重要。因為它會讓你有安全感。這樣的你，當然希望你的結婚對象，是一個多金或是擁有高收入工作的人。對你來說，錢很好用，可以為你帶來很多很多的東西，錢絕對是萬能的。

F：你是一個很注重氣氛的人，如果在一起讓你不開心，你絕對不會委屈自己去配合參加各項聚會的。所謂「話不投機半句多」，與氣味不合的人相處在一起，對你來說是非常痛苦的一件事。很清楚了吧！你理想中的另一半，是一個和你「臭味相投」的人。

✎ 測試二：你的他容易變心嗎

每個女孩總是希望自己的另一半能夠安分守己，不會在外頭拈花惹草，只是有時等到的卻會是讓人不堪的結果。你知道你的另一半是不是個會輕易變心的人呢？從日常生活中，就可看出一些端

倪，本測驗也適用於自己哦。

請問你的另一半換手機的速度快嗎？

A.其實很快，大概只要一有錢就換了。

B.平均大概兩三個月就換。

C.大概半年換一次。

D.不常換，頻率大概是一年左右。

E.可能用到很破舊時才有可能換。

📄 測試結果

A：他是個很容易喜新厭舊的人，對於女朋友似乎也是一樣。不是你不好，而是他很容易就被不同優點的女生所吸引。如果你不幸愛上了這樣的人，除了儘量避免他受誘惑，控制他的金錢，好好監督之外，其實沒有什麼好辦法了。

B：他是個好奇寶寶，就算他不願意，也可能因為朋友的慫恿或是環境的誘惑而去做。他對道德是非的尺度拿捏不是很明顯，所以好好掌握他的行蹤吧。也讓他知道你有多愛他，多不希望他背叛你。對他而言，溫情攻勢是非常管用的。

C：基本上他應該是個可以信任的人，只要你們的愛情沒有危機的話。他還是喜歡享受，也喜歡享受愛情。所以真的愛他，就別拿一些雞毛蒜皮的事情來煩他，他喜歡你撒嬌，並不喜歡無理取鬧。讓愛情維持在甜蜜的狀態，你不需擔心他會出軌。

D：他是個明理的人，道德感也很強，所以他不會隨便在外面跟女生亂來。只是，在他身邊跟他朝夕相處的異性朋友，卻得提防小心，因為平常不設防，卻又朝夕相處，很容易發展出特殊的情誼，雖然他能夠克制理智，但一旦爆發出來卻仍是醜事。

E：他是個比較傳統、保守的人，很容易受傳統的道德所約束，你自然無須擔心他會在外頭有什麼外遇。只是他可能也不浪漫，很多事情也會較後知後覺，跟他相處，除了保持理性，也不要做謎語讓他猜，只要方法運用得當，你們一樣能相處愉快。

Taurus

CHAPTER 3

刻苦耐勞的金牛座

金牛座（4/21～5/20）
是一個慢條斯理的星座，凡事總是考
慮後再過濾，屬於大器晚成型，情思
也比較晚開。但他有超人的穩定性，
一旦下賭注，就有把握贏。

 信守諾言的金牛座

★金牛座起源的美麗傳說

在非常遙遠的古希臘時代，歐洲大陸還沒有名字，那裏有一個王國叫腓尼基王國，首府泰樂和西頓是塊富饒的地方。國王阿革諾耳有一個美麗的女兒叫歐羅巴。

歐羅巴常常會夢到一個陌生的女人對自己說：「讓我帶妳去見宙斯吧，因為命運女神指定妳做他的情人。」那時候宙斯還只有赫拉一個妻子，而且宙斯並不愛他的妻子，他整日處在鬱鬱寡歡之中，命運女神克羅托覺得應該幫助宙斯找到幸福。她知道火神有一件長襟裙衣，淡紫色的薄紗上用金絲銀線繡了許多神祇的生活畫面，價值連城，而且美不勝收。克羅托把這件衣服要過來，讓宙斯去送給歐羅巴。起初宙斯興致不大，但當他見到歐羅巴時，不禁為她的美色深深吸引，宙斯無可自拔地愛上了這個歐洲大陸上的公主。他以一位鄰國王子的身份去提親，並把神衣送給了歐羅巴。

一天清晨，歐羅巴像往常一樣和同伴們來到草地上嬉戲。正當她們快樂地採摘鮮花，編織花環的時候，一群膘肥體壯的牛來到了這片草地上，歐羅巴一眼就看見牛群中那一頭高貴華麗的金牛。牛角小巧玲瓏，猶如精雕細刻的工藝品，晶瑩閃亮，額前閃爍著一彎新月形的銀色胎記，它的毛是金黃色的，一雙藍色的眼睛燃燒著情慾。那種無形的誘惑讓歐羅巴難以抗拒，她欣喜地跳上牛背，並呼喚同伴一起上來，但是沒有人敢像歐羅巴一樣騎上牛背。正在這個時候，金牛從地上輕輕躍起，漸漸飛到了天上。同伴們驚慌地喊著

歐羅巴的名字，歐羅巴也不知所措，金牛飛躍沙灘，飛躍大海，一直飛到一座孤島上。這時，金牛變成了一個俊逸如天神的男子，他告訴她，他是克里特島的主人，如果歐羅巴答應嫁給他，他可以保護她。但是歐羅巴沒有答應他，她心裏一直想著命運女神的承諾。

一輪紅日冉冉升起，歐羅巴被一個人撇在了孤島上，她向著太陽的方向怒喊道：「可憐的歐羅巴，你難道願意嫁給一個野獸的君王做侍妾嗎？復仇女神，你為什麼不把那頭金牛再帶到我面前，讓我折斷它的牛角！」突然，她的背後傳來了淺笑，歐羅巴回頭一看，竟是夢中那個陌生的女人。美麗的女人站在她面前說道：「美麗的姑娘，快快息怒吧！你所詛咒的金牛，馬上就會把它的牛角送來讓你折斷的。我是愛神維納斯，我的兒子丘比特已經射穿了你和宙斯的心，把你帶到這裏來的正是宙斯本人。你現在成了地面上的女神，你的名字將與世長存。從此，這塊土地就叫做歐羅巴。」歐羅巴這才恍然大悟，終於相信了命運女神的安排。而 12 星座中的金牛座也由此得名，成為愛與美的象徵。

★金牛座的性格特點

金牛座個性溫和而堅實，性情沉著而踏實。對事物雖然猶豫不定，但是一旦決定下來，就能以堅韌不拔的精神，執著向前。忍耐力強，行事慎重，但也有頑固的一面。受人之託必能忠人之事，絕不會中途放棄。佔有慾強，比較追求物質上的滿足，而且堅持事物的完美度，是一個在藝術設計及園藝方面非常有才氣的人。為人幽默、風趣，常能得到朋友的青睞。

金星是金牛座的守護星，所以金牛座是保守型的星座，他不喜

歡變動，安穩是他的生活態度。金牛座的人不會急躁衝動，只有忍耐，「吃得苦中苦，方為人上人」，正是他的寫照。而且還非常頑固，一旦決定了的事他不喜歡去改變。由於缺乏安全感，失業是金牛座最怕面對的問題，代表他的生活失去重心。男的金牛座有潛在的大男人主義，在家中他們不多發言，但對尊嚴很重視；而女的金牛座除了實際之外，會喜愛打扮自己，因為金牛座的守護神就是愛與美的化身（維納斯）。他通常都是慢熱的，要花一段時間才會適應一份感情、一份工作、一個環境，但適應了之後，他甚少會改變，除非迫不得已。金牛座的人有藝術細胞，具有高度欣賞任何藝術的品味和能力。

★金牛座的優點和缺點

優點：耐性十足，一往情深，有藝術天分，腳踏實地做事，有計劃能堅持到底，固執，追求和平，生活有規律，值得信賴。

缺點：佔有慾太強，善妒頑固的死硬派，缺乏協調性，不善於分工合作，做事態度過於嚴肅，缺乏幽默感，不知變通，過於堅持自己的步調，規矩太多，太過謹慎，缺乏求新求變的勇氣。

★金牛座的處世方針

金牛座的主星是金星，愛好和平，能朝目標一步一步邁進。因此，金牛座的人都有著重視諧和的共同點。雖然外表看起來柔和、優雅，但其實內心具有很強的信念，所以只要一投入工作，就會很努力去做。由於金牛座是屬於較女性化的星座，所以和事的內涵有關，有時面對事情會很消極，但只要下定決心就不會再改變，具有

很強的耐力與持久力。佔有慾很強的金牛座，能精力充沛地工作，大部分都是靠頭腦來取勝，而且非常善於理財，即使收入少的時候也能量入為出，可以存下一筆可觀的錢財。不過為了存錢，看到想要的東西，一定得花長時間的思考才能做出決定。雖然本性很喜歡存錢，卻不會顯得太吝嗇，該花的時候也會大筆地花錢，這也是金牛座最佔便宜的地方之一。

★金牛座的幸運寶典

守護星：金星（象徵愛與美的結合）。

守護神：愛神維納斯。

屬性：土象星座。

幸運數字：6。

幸運日期：6 號，15 號，24 號。

幸運星期：星期五。

幸運時間：13：00～16：00。

幸運方向：東北、東。

幸運場所：靜謐處。

誕生石：祖母綠（改運，避災，增強學習力）。

守護石：粉晶（強化想像力、鎮定情緒）。

幸運寶石：祖母綠。

幸運材質：銅。

幸運花卉：玫瑰。

適合服飾：高雅，樸素，不做作，重品位。

流行敏感度：實用性流行。

每月最需注意的日期：1 號，10 號，19 號。

適合職業：社會、經濟、地理、金融、法律或與藝術相關的行業。

適合定情飾品：項鍊。

談情說愛的金牛座

♥金牛座的愛情總述

　　金牛座是非常重視生理感知的星座。很少有不具強烈佔有慾的金牛座。他是享受型的，有些簡直就是愛奢侈享樂的人。他不屬於禁慾主義者的星座，除非他是個狂熱的宗教分子。他一旦決定結婚，則屬於無論如何也非要達到目的不可的類型。然而誠實的金牛座也會騙人，而且不覺得有罪惡感。對於金牛座來說，安定的環境才會讓他有幸福的感覺。

　　金牛座常受火象特質的人所吸引，因為對方擁有他不敢表達的特質：大膽，孩子氣、愛冒險、想像力及速度。金牛座的人需要火象特質來溫暖他，幫助他放鬆，讓他知道真實所存在的另一面。他需要對方堅持信念，理想的熊熊烈火，因為他自身的信念大多建立於銀行存款的數目上。他也需要激發創意的火花。而對那些善變的人而言，他需要的是金牛座穩固的支持、保護與珍惜。

♥金牛座男子的愛情觀

　　他會花費所有思考的時間，只為了做出正確無誤的決定，就像他也會花時間來思考及觀察你，以確定你會不會是那個與他共度一生，享受他準備好的一切事物的那個女孩。他很浪漫，這不是開玩笑；只是要看得出他的浪漫，需要一定的訓練，而他是教練，慢工出細活的教練。標準的金牛座對感受相當敏感，他若是願意付出感情，而你就是那可以與他共度未來的人，那你一定可以感覺出他的

浪漫，他瞭解浪漫的感受有多迷人，就像他一樣。

受金星主宰的金牛座，有其獨具的浪漫。他的浪漫不如天秤座的瀟灑，或雙魚座的沉溺，以及天蠍座的熱情。他的浪漫是屬於古典式的，因為他有遵循慣例的傾向。一個真正的金牛座會堅守其承諾，不會輕易許諾除非他有把握。或許你會說，這聽來並不怎麼浪漫。不過他的浪漫有時雖然笨拙，卻是真誠的。他真的相信訂婚戒指及白紗的象徵意義。這些東西代表著他的感情。金牛座的人會傾向以禮物的贈與來表達情感。

♥金牛座女子的愛情觀

金牛座的女子大多很安靜，而且也很堅強。她總是靜靜地接受生命中的考驗及挫折，甚少抱怨。當其他星座的女子抱怨時，她卻不會浪費這氣力而繼續向前走去。她有處理一切事物的能力，別小看她；她要找個真正的男人，把這擔子交給他，所以別小看自己，至少她就不會小看你，如果你是可以讓她覺得依靠終身的話。她可能很固執，並且又有強烈的自制力，所以在一般不會影響她價值觀的判斷上，她大多不會與你做太強烈的爭辯。金牛座的女子相當重實際，但是她很浪漫，只是她不喜歡讓情緒來干擾實際。每隻牛都有佔有慾，她真的不喜歡失去她所擁有的事物，儘管她很認命，但總是會盡力保有一切。

♥金牛座的愛情配對

金牛座的人重視安全與舒適。最佳的對象就是對家族和家庭有責任感，堅韌不拔的摩羯座；有正確周密的人生設計並努力於建設

和平家庭的處女座；和你興趣及嗜好相投同屬金牛座的，都是適合的對象。不適合的對象如：愛慕虛榮的獅子座；具有深沉及頑固性格的天蠍座；叛逆怪異的水瓶座。

最來電的星座：摩羯座。配對指數 100 分（金牛座居上風）。

兩個土象家族的成員，性格思想都蠻接近，會互相吸引也不是什麼意外的事；但戀情屬細水長流型的，會有令人喘不過氣的激情現象。

最不協調的星座：天秤座。配對指數 40 分（金牛座居下風）。

雖然兩人都歸在維納斯帳下，但是金牛是陰性，天秤則屬於陽性，因此也沒有交集點。

工作中的金牛座

■金牛座的 EQ 指數

EQ 指數為 74～82。

沉穩、遲緩又固執的金牛座，守護神卻是女神維納斯，這正是老實的「新好男人」的特點，是女性青睞新寵的時代潮流。不過，頑固不屈，甚至有點「悶」的個性，卻著實會讓身邊的情人或朋友的腦細胞多死好幾萬。金牛座痛恨犯錯，他希望能確定對方不是以什麼詭計來利用他，他需要各種形式的安全感。在愛情方面，金牛座不習慣逢場作戲。無論金牛座性格的人來自何方，無論他過著何種生活形態，在他內心都相信婚姻的神聖性。務實的個性也會讓他努力地完成心中的理想。

■金牛座的工作態度

金牛座是穩重，默默做事的踏實者，但是跟其他星座比起來，物質慾望顯得比較強烈。因此，會把金錢看做有形財產，把愛情當做無形財產，兩者缺一不可，而且雙方一定要取得平衡，不能只偏重金錢或愛情任何一方，如果只能獲得其中之一，不但無法滿足，還會覺得生活無趣。個性溫和、誠實，想法可靠，是個可以信賴的金牛座。對於工作能全心投入，討厭隨隨便便的做事態度。不過再怎麼努力，對金牛座的人來說，「擁有」才是一生中最大的幸福。如果在工作中，不能獲得金錢或物質等物慾上的滿足，也會覺得有所欠缺，無法專心工作。

■金牛座適合的工作

　　金牛座是個很愛美又對美感有著獨特見解的星座呢！對於服飾或者是有關於美容美體方面的事物，金牛座都會相當關心，加上他的品味相當高尚，所以很適合成為服飾方面的工作者或者美容師，這些職業可以讓金牛座的美感發揮得淋漓盡致，得到很大的成就感！當然，除此之外，金牛座的理財能力也是眾所周知的，一向精打細算的他，對於錢有著特殊的感覺，很適合經手一些和財政、金融有關的東西，憑著金牛座對錢的執著，什麼問題都可以在他的處理下獲得解決，所以也有很多金牛座會成為銀行人員或者從事會計方面的工作，雖然這種工作比較呆板，卻很符合金牛座所需要的穩定！

■金牛座最佳辦公室星座組合

　　如果想找一個能夠默默工作的人，金牛座絕對可以勝任，他的耐性頗高，接受程度也不錯，換句話說，有一點照單全收的感覺；但是和他熱絡了起來，他也會有適當的建議以及計畫，所以要找個可靠又值得談心的對象，金牛座絕對是不錯的對象；不過有個良心的建議，千萬別與他為敵，他可是辦公室的好人好事代表，惹到他，你就等於惹到公司一半的人喔！

　　最佳辦公室星座組合：天蠍座、巨蟹座、處女座、摩羯座、雙魚座。

■金牛座工作小竅門

　　金牛座：避免頑固不靈。

　　金牛座有著充足的耐心和良好的鑑別能力，在內心深處，對於自己所從事的事情也有著相當的自信。但是隨著自己經驗累積的增加，往往會對一些事情形成自己的「成見」，容易對別人的提議置若罔聞。變通能力，對於這個日新月異並且注重交流的社會，是非常必要的，對於金牛座來說，多注意一下為妙。

金牛座的健康與時尚

✚金牛座的健康狀況

　　溫文、慎重，耐力超強的金牛座，是標準的美食主義者，對於食物的要求較注重口慾。其個性原本就屬於行動緩慢型，因此在運動方面稍欠缺彈性與活力，但持久性的耐力與不怕吃苦的個性，彌補了這方面的不足。在運動方面可以選擇類似游泳、慢跑等運動，天天量體重，做個標準的統計表，然後再為自己設定一個長、中、短期的目標，循序漸進，超耐力的金牛座，不走捷徑的個性，應當很容易達成瘦身的美夢。在運動健身守則中，還有一項要叮嚀的是要放鬆心情，避免過度勞累，在肝腎、循環系統方面的保健，是金牛座必須注意的，而水是絕佳的美容聖品，每天多喝水，既健康又美容。

✚金牛座的飲食禁忌

　　金牛座的人，對於體重的控制，可要多花一點心思。金牛座掌管的腺體是甲狀腺，如果甲狀腺失調，則會產生浮腫和體重增加的困擾。太陽於 4 月 21 日進入金牛座，5 月 20 日離開。金牛座是黃道帶上第二宮，由金星管轄。主宰頸部及喉嚨的金牛座，也是這兩個部位最容易出問題。情緒化的金牛座，固執又不知節制慾望，尤其在飲食上的放縱，最容易出問題。輕則體重上下起伏，使體形改變，嚴重一點的還會影響到健康及體質，引發許多疾病。芹菜可解除金牛座疲勞帶來的後遺症。金牛座身體虛涼，復原力差，易感染

呼吸道的疾病及精神不濟。食用豬肝、洋蔥，菊花茶、馬鈴薯可有助益。

✚健康減肥大作戰

生來四平八穩的金牛座，喜歡把任何事情都貫徹得很徹底，並且討厭浪費，所以吃飯時，金牛座總會把自己的那份吃得乾乾淨淨，無論份量多少。正因為如此，如果金牛座女孩有個愛給女兒添飯的老媽，那胖起來也就不是什麼新鮮事了。

瘦身必殺技：每天少吃一點

首先，金牛座的人應該給自己換一套小一點的餐具，並且堅持每頓飯到最後剩下一口在碗裏，即使看著再難受也一定要忍住。對於嫁為人婦的金牛座女人，要更加注意，千萬不要吃掉盤子中剩下的最後一點飯菜，雖然浪費了一點兒，但是和保持一個曼妙的身材相比，哪個會更划得來，計算一下吧！其次，一定要提醒愛吃甜食的金牛座，少吃一塊巧克力等甜食。最後，因為金牛座的人天生屬於體形比較粗大的類型，所以只有更努力地瘦一點，才能讓身材看起來修長、苗條。平時多選擇低卡食物是個不錯的主意，而所謂的低卡食物，就是食物的熱量低於你所消耗的熱量。相信這對精於計算的金牛座不是什麼難事。

✚金牛座的時尚寶典

當一個金牛座 MM 掉進愛情的深淵時，她的觸覺、味覺乃至所有感官都變得異常豐富，平日所蟄伏著的浪漫情懷傾瀉而出。她不容置疑的真摯，溫和而有分寸，忠實而慷慨，她只對有深厚情誼

的人慷慨。一個馬蹄蓮花髮卡輕插髮間，金牛座 MM 靜謐清涼的氣息便能撲面而來。

金牛座的著裝大多是清爽大方的。近些年來流行的個性，幾乎擊倒了每一個時尚的女子，但在街上那些充滿趣味的個性小店裏，你永遠不會覓到金牛座女子的芳蹤。金牛座女子從不認為規矩的穿著會束縛思想，無論氣溫有多高，你從來不會看到金牛座女子把無袖的上衣穿進辦公室。她的衣服並不流行，但款式永遠簡潔大方，做工上乘。只是一襲普通的藍色襯衫和暗色中裙，穿在只戴一掛白金項鍊的金牛座女子身上，你立刻會覺得，你面對的女子，絕對有讓人安靜的親和氣質。

金牛座的人性格溫柔、樂觀，優雅細膩的神情和親切的笑容最能吸引異性。金牛座 MM 應多多採用銅製飾品，它會給你帶來源源不斷的好運氣。此外，一些幾何形狀的首飾，最能凸顯你恬靜、儀態萬千的氣質！

 給金牛座的建議

📢 成功需要做的

1. 下定決心，找份自己真正喜歡的工作。

2. 為自己及同事創造愉快的工作環境。

3. 在工作表現上應採取主動。

4. 做任何事應要加強耐心及毅力。

5. 隨時吸收新觀念及新技術，充實自我。

📢 失敗時要注意的

1. 為了安全感而勉強做不喜歡的工作。

2. 過於固執而不知變通。

3. 喜歡要求別人照著你的方式來處理。

4. 缺乏改變，工作形成一種例行公事。

5. 承受太多工作壓力而讓自己太過於勞累。

📢 給金牛座的愛情建議

對於金牛座來說，舒暢的心情，寬裕的空間讓你心滿意足，平靜安定的環境才能帶給你幸福，所以心平氣和、穩重的人與你最相配。除外表溫和外，不魯莽行事，成熟踏實的人是你的最愛。能與你共用知性話題，才具備完美情人的條件。

美麗而性感的金牛座美女，談戀愛通常是重質不重量，人品、經濟能力都兼而有之的男性最容易吸引你。善用柔情攻勢是你最大

的利器，但是必須控制忌妒心和強烈的佔有慾，黏得太緊有時會把對方嚇跑的。

◀» 克服一下自己的惰性

　　金牛座的人工作起來，總是那麼慢條斯理，腳踏實地，讓人十分放心。但由於缺少較強的進取精神，對新事物的接受比較遲緩。因此，金牛座人要克服這一弱點，積極增長才幹，提高自己各方面的素質，以適應現時代的新要求。金牛座人應注意具備獨立的人格和修養：要堅持自己的個性；要自我鼓勵；要誠實、正直；不要因為缺陷而灰心。人有缺陷固然是終身遺憾，而自知有缺陷卻能以缺陷自我激勵的人，是可以讓一切健康的人所欽佩的。

◀» 職場上的人際交往

　　由於金牛座的人會羨慕人家，所以金牛座的人常拿別人和自己來比較，也常為此而感到難過。金牛座的人不會將自己的虛榮心和好強的心理表現在自己身上，而是透過他周圍的人或事物來和別人一較長短。只要是金牛座的人得到的東西，他們絕對不會放手，金牛座的人有令人毛骨悚然的佔有慾，包括所有的東西、人或金錢。金牛座的人視野狹窄，對自己未曾親身經歷過的事情，金牛座的人完全不瞭解，也無法接納。由於金牛座的人比較實際，對自己沒有接觸過、沒有看過的事情，都沒辦法相信。這種性格是很糟的，對不知道的事情便會和世界產生抗拒的心態，要想個辦法改一改才是。

◀》給金牛座的忠告

　　金牛座不愛喧嘩的場合，更不愛說廢話，他寧願在一家人不多的咖啡館和你聊一些對真實人生的感受。金牛座一直有個目標：「我們很快就會有足夠的黃金，連家裏的地板都要用它來鋪。」第一眼的印象，決定了一頭牛對你的好惡。他不會輕易拋棄這第一印象，即使是成見，他也不會認為自己看錯了你。金牛座的人會吃虧，便是由於他太相信自己對別人的論斷。金牛座非常有金錢觀念，他很愛錢卻不拜金，錢所帶來的安全感，會讓他覺得人生是可以期待的。

星座小測試

✎ 測試一：一道很準的愛情心理測試題

按以下步驟做，用三分鐘完成。不要作弊，否則你的希望將會落空。

注意：一定要按順序往下讀，不能跳著讀，準備一張紙和一支筆。

首先，在一列中寫下 1 至 11 的序號；

在序號 1 和 2 的旁邊，寫下你所想的任意兩個數字；

在序號 3 和 7 的旁邊，寫下任意兩個異性的名字（憑第一直覺）；

在序號 4，5，6 的旁邊，寫下朋友或親戚的名字；

在序號 8，9，10，11 的旁邊，寫下 4 首歌的歌名。

現在，許一個願，只要你去努力，你的願望一定能成為現實。

📄 答案解析

一道很準的愛情心理測試題玄機：

序號 3 是你所愛的人；

序號 7 是你所喜歡的但又不能與之相伴的人；

序號 4 是你最關心的人；

序號 5 是非常瞭解你的人；

序號 6 是你的幸運之星；

序號 8 的歌適合序號 3 的人；

序號 9 的歌適合序號 7 的人；

序號 10 的歌代表你的看法；

序號 11 的歌是你生活的感受。

最後，把這個遊戲告訴序號 2 旁的數字代表的人。（如：你在 2 旁寫了 7，而在 7 旁寫了英兒，那麼就告訴英兒吧）。如果序號 2 旁邊的字不代表人，那麼，把秘密永遠珍藏在心裏吧——你是一個守得住秘密的人。

✎ 測試二：看你的曖昧戀情指數有多高

從印度來了一位修行非常高的高僧，如果他要幫你算命，你的反應會是什麼？

A.前世修來的機緣。

B.天下有這麼好的事嗎？

C.倒想聽他說什麼。

D.死禿驢就想騙人。

E.難道我是救世主。

📄 答案分析

A：屬於愛就愛，不曖昧型：搞曖昧戀情指數 0 分。

這類型的人內心深處非常傳統，會相信前世今生的人，內心深處很喜歡安定的感覺或是穩定的關係，叫他搞曖昧的關係或是灰色的地帶，對他來說是很無聊的事情。

B：屬於看中對象才曖昧型：搞曖昧戀情指數 55 分。

這類型的人頭腦很清楚，知道什麼人可以搞曖昧，什麼人不可

以搞曖昧，所以事先他會想得很清楚。

C：屬於假曖昧變真戀情型：搞曖昧戀情指數 80 分。

這類型的人是很愛面子，覺得直接表白也許會受到傷害，所以弄一點小曖昧，就算對方不喜歡自己或拒絕自己，就可以以開玩笑帶過，如果對方有回應時，就會覺得可能會美夢成真。

D：屬於人越多越曖昧型：搞曖昧戀情指數 99 分。

這類型的人覺得曖昧是很好玩的事，他只是讓氣氛更融洽一點，或讓生活更增加一點樂趣。

E：屬於曖昧會讓戀情變質型：搞曖昧戀情指數 20 分。

這類型的人想得太多，對感情相當的小心謹慎，認為亂放電或搞曖昧會不會變成真的，這會讓他覺得很煩惱，所以乾脆不要搞曖昧，儘量低調。

Gemini

CHAPTER 4
多才多藝的雙子座

雙子座（5/21~6/21）
個性敏銳又快捷。有強烈的好奇心和
求知慾，對於新觀念和新流行的觸覺
十分敏銳。聰明機智，有辯才，是一
個謀略家和演說家。遇事都能妥善應
對，冷靜觀察，果敢而有擔當。而且
常會有一些突發奇想的點子，有大膽
假設和小心求證的個性。

 聰明機智的雙子座

★雙子座起源的美麗傳說

傳說一

在遙遠的希臘古國，有一個美麗動人的傳說。溫柔賢慧的麗達王妃有一對非常可愛的兒子，他們不是雙生，卻長得一模一樣，而且兩兄弟的感情特別深厚，麗達王妃覺得十分幸福。但是有一天，希臘遭遇了一頭巨大的野豬攻擊，王子們召集了許多勇士去捕殺這頭野豬。其間，勇敢的哥哥殺死了野豬，但是也受了傷。凱旋舉國歡慶的時候，麗達王妃為了安慰受傷的哥哥，偷偷向他吐露了實情。原來，哥哥並不是國王與王妃所生，而是王妃與天神宙斯的兒子。所以，他是神，擁有永恆的生命，任何人都傷害不了他。哥哥知道以後再三保證，不會告訴任何人這個秘密，哪怕是他最親愛的弟弟。

然而，不幸的是，勇士們因為爭功而起了內亂，竟形成了兩派，彼此看對方不順眼。後來他們開始打了起來，場面一發不可收拾。兩位王子立即趕去阻止，但是沒有人肯先停手。就在混戰之中，有人拿長矛刺向哥哥，弟弟為了保護哥哥，奮勇撲上去，擋在哥哥的身前。結果，弟弟被殺死，哥哥痛不欲生。其實，哥哥有永恆的生命又怎麼會被殺死呢？只怪不知情的弟弟太愛他的哥哥了。

哥哥為此回到天上，請求宙斯讓弟弟起死回生。宙斯皺了皺眉頭，說道：「唯一的辦法是，把你的生命力分一半給他。這樣，他會活過來，而你也將成為一個凡人，隨時都會死。」但是哥哥毫不猶豫地答應了。他說：「弟弟可以為了哥哥死，哥哥為什麼不能為

了弟弟死呢？」宙斯聽了非常感動，以兄弟倆的名義創造了一個星座，命名為「雙子座」。

傳說二

傳說，孿生兄弟卡斯特和波魯克斯英勇善戰，哥哥成為馬術專家，弟弟精於射箭、拳擊，威名遠揚。兩人在諸多戰爭中密切配合，出生入死。一次戰鬥中，哥哥受傷身亡，弟弟悲痛欲絕，懇求宙斯，要用自己的生命贖回哥哥。宙斯深受感動，將他們都安置在天空成為雙子座，永不分離。冬天的黃昏到夜晚，可以在天頂的位置看到它。

傳說三

在埃及，它的名字稱為「孿子星」，是以這星座中最明亮的兩顆星，卡斯特和波魯克斯命名的。這兩顆星另外還有兩組名稱，分別為赫爾克裏斯和阿波羅，特裏普托勒穆斯和艾遜。埃及人觀念中的孿子座為幼童，而非一般常見的成人形象。

★雙子座的性格特點

雙子座的人活動力強，可惜欠缺耐性，職業轉換頻繁。所以，雙子座的人不要設定太多的目標，最好一次選定一兩個，努力行動，才不致半途而廢。行星所在的位置同樣具有加強或減弱的功能，假如太陽和水星的位置同在雙子座的話，不安分的特徵會更加明顯；水星在金牛座時，這種不安分的特質會減弱，外表較為穩重、實際，思想也能日趨深入，做事較能貫徹始終。

雙子座的人通常都有一兩個顯著的優點，及一兩個特大號的缺點。這使得你在讚美或批評雙子座時，都容易流於誇張與情緒化。要得體地描述雙子座人的性情，其實真的需要花費一些時間與他朝

夕相處，這樣才能收集充分的「證據」，一針見血地說出他是怎樣一個人。一般人認為雙子座是雙面人，具有雙重性格。這是因為一般人在觀察人的時候，欠缺變化觀察角度的能力所致。一個「見人說人話，見鬼說鬼話」的雙子座，一定具有相當強的語言技巧及溝通能力，他同時瞭解人和鬼，卻不能因此論斷他「既是人又是鬼，或「一會兒是人，一會兒是鬼」，甚至把他說成「不人不鬼」的。他只對存在於宇宙之間的事物，比常人多一分因好奇而得來的理解力。因此，要瞭解雙子座，你的好奇心與理解力都不能太差。

雙子座是所有星座中最能保持青春和活力的星座，他經常處於行動的狀態，而且往往同時進行好幾件事情，天生具有雙重性格，對於呆板及枯燥的事物容易感到厭煩，而導致半途而廢。雙子座的人喜歡不斷地動腦筋，所以對神經系統要多加留意，因為壓力過大時，容易導致崩潰。

★雙子座的優點和缺點

優點：多才多藝，見人說人話，見鬼說鬼話，足智多謀，反應靈敏，八面玲瓏，善於交際，懂得隨機應變，充滿生命力，擅長溝通，知進退，有分寸，適應力強，風趣幽默。

缺點：「三分鐘熱度」，善變，處世缺乏原則，過於神經質，做事蜻蜓點水不深入，過於圓滑，容易緊張，意志不堅定，讓人覺得不可靠、不專心。

★雙子座的處世方針

雙子座的人，動作機敏，能適應任何環境，表達能力強，懂得

處世之道。而且，他們大多才思敏捷，反應快，善於談吐，對原本贊同的事，可能在一瞬間產生相反的意見。性格陰鬱，且稍帶神經質，偶爾會冒出下流話。與之相處甚密的人，在這種情況下若不予理會，他會立即沉默下來，易使人誤以為他是精神分裂者。

★雙子座的幸運寶典

幸運數字：5。

幸運日期：5 號，14 號，18 號。

幸運星期：星期三。

幸運時間：20：00～22：00。

幸運方向（約會方向）：北北東、西北西。

幸運場所：高地。

誕生石：珍珠（改運、防災，增強性格穩定與圓融）。

守護石：瑪瑙（增加想像力，落實夢想）。

幸運寶石：瑪瑙、水銀、水晶、黃玉。

幸運材質：鋁、鉻、玻璃。

幸運花卉：羊齒蕨、小百合。

適合服飾：柔和中間色系，有質有款的智慧成熟、高雅格調的服飾，女生露肩尤佳。

流行敏感度：先進流行。

每月最需注意的日期：9 號、18 號。

適合職業：行銷、文學、資訊、公關，創意設計、交通運輸，大眾傳播相關行業。

適合定情飾品：手鍊。

談情說愛的雙子座

♥雙子座愛情總述

　　機靈的雙子座，會因為遇不到合意的人，在無奈中等待婚姻，別看他好像冷漠，但會躲在無人之處流淚。雙子座的好奇心強，會要求很多。雙子座的人看起來冷冷的，在感情上不會太熱情，不過必須配合出生圖上各行星的位置，才能作深入的瞭解。例如金星的位置在巨蟹座時，待人比較熱情、友善。雙子座的人對愛情的表達能力很強，尤其擅長寫纏綿悱惻的情書，他精於取悅他人之道（金星的位置在雙子座時，這種傾向更加明顯），因而使愛情或婚姻生活顯得多彩多姿。不過由於其雙重性格所致，他需要兩個以上不同類型的情人。

　　善變的情人雙子座。雙子座的戀愛本領雖然很高，但總有一些薄情意味。對戀愛沒有上進心，使戀愛常差一步而失去成果。其實只要你願意就能成功的。頭腦聰明，說話又有技巧，是具有喚醒異性的戀愛專家。遇到聚會時能非常順暢地讓男女之間和諧，且營造出快樂氣氛。喜歡自己追求愛情，勝過對方對你告白。但在有結果後，立刻會有厭倦感出現。即使現在的戀情讓你痛苦，卻能立刻轉變為下一個戀情時的利用工具，這點是無人能比的。

♥雙子座男子的愛情觀

　　雙子座的男子需要兩種愛情，雖然如此，並不代表他也要求要有兩個女子來供應他兩種愛情，如果你可以一次供給他兩種愛情，

那他恐怕早早就被你吸引住了。雙子座的男子相當神奇，他可以用一百種方法說「我愛你」，而且隨時可以再發明另一百種，所以你需要有足夠的心智來跟上他的腳步；但是有時你也別跟得太緊，聰明的你實在應該知道何時又該離他遠一些。「改變」是他的一個代名詞，雙子座的人幾乎都有好幾個名字，他變得很快，不管是態度、心情、想法還是服飾，別忘了，他是「兩個人」。不是你眼花了，而是你把他當兩個人來看，一切才會比較有趣，尤其是當他對你冷言冷語時。雙子座的感情需要時間與空間來糾纏。不要太接近他的內心世界，他心中有塊地方是不准任何人接近的，你最好要入境隨俗，別犯了他的忌諱。不管婚前或婚後，他都不會安定下來，包括他的言談方式。你必須一直都有想像力，就算與他一塊兒都七老八十了，也必須如此，否則你會活得很無趣。

♥雙子座女子的愛情觀

　　雙子座的女子常會令你眼花繚亂，有時更會使你思考打結。這類女子比一般女子要多好幾倍的變化，她根本就是由一大堆不同的性格所組成的，所以她一向令你難以預測。她的速度快極了。但這並不是要你和她賽跑或競走，如果她真的要和你比賽速度的話，你甚至還沒站在起跑點上就已經輸了。和她在一塊兒，會令你感覺到生命中充滿了樂趣；你會有各種各樣的感覺：悲傷的、快樂的，一切的一切的感覺。和雙子座的女子談戀愛是需要用想像力的，你真的得用力去想想哪個才是真正的她，然後一直到最後，你才恍然大悟：原來哪個都不是她，真正的她根本就沒出現過。

♥雙子座的愛情配對

雙子座不喜歡單獨的生活,所以水瓶座能給家庭帶來新鮮的變化,這是最理想的對象,水瓶座的人能帶給你年輕及活力。還有聰明活潑、溫柔可愛的天秤座;及知識水準相當的雙子座也適合你。相反的:處女座會是一個無法相處的對象;射手座是使你成為神經過敏的主因;雙魚座空洞乏味的人生,也會使你無法與他溝通。

最來電的星座:水瓶座。配對指數 100 分(雙子座居上風)。

兩人同屬智慧、前衛型的人物,個性思想的共通性,可以使你們水乳交融;好言論與好辯的性格也頗契合,所以愛情對你們而言是多彩多姿的。

最不協調的星座:天蠍座。配對指數 40 分(雙子座居下風)。

恐怕心思細膩的天蠍座,要全權掌控雙子座的一舉一動了。活潑多變的雙子座,遇上浮沉尖銳的天蠍座時,你會一敗塗地;想要維持戀情,只好讓自己加油,再加油了!

工作中的雙子座

■雙子座的 EQ 指數

EQ 指數為 74～82。

隨著季節的交替，雙子座的想法也是易變的。他時而冷靜觀察紅塵之事，時而任思緒紛飛於浪漫的夢中。他們具有複雜的雙重性格，正如他的名字「雙子」一般。也因此，這個星座 EQ 商數落差相當大。雙子座討厭呆板和一成不變，所以周遭的人也喜歡和你親近，樂意享受你源源不絕的生活創意。因此，對雙子星座的人而言，學著跟別人好好相處絕不是問題，但正因為你多變的性格，使得身旁的人偶爾會懷疑你的誠意。雙子座的象徵是一對雙胞胎，而曾被雙子座這種雙重性格冒犯的人，會描述他是「雙面人」，有時甚至指為精神分裂，這是因為他的朋友還不完全瞭解雙子座的性格之故，其實，在他的內心深處，也和其他人一樣，希望有個能體貼他、關心他的長期伴侶。

■雙子座的工作態度

雙子座的人生觀念，是一面努力工作，一面盡情享受，是屬於會玩也會學的人，他精力充沛，隨時都抱著理想，能夠積極行動。基於這種個性，雙子座的人在享樂時會讓周圍的人知道他的存在，遊樂的品位當然跟一般人不同，不光是膚淺的玩樂而已，其實是借著玩樂而不斷地自我充實，以此來作為學習與享樂的目的。旺盛的好奇心及強烈的求知慾，是雙子座與生俱來的魅力，不但腦筋動得

快，反應更是一流，所以本身就像情報傳播的媒體一樣，能源源不斷地提供豐富的話題，在工作中也能受到很多同事的歡迎。

■雙子座適合的工作

雙子座是最靈活的星座了，加上他天生對流行的敏感與對資訊的喜愛，最適合在五花八門的傳播事業中發展，憑著他聰穎的資質很容易就可以在這個行業中脫穎而出。除了傳播以外，喜歡發表高論的雙子座還有著很好的文筆，在文字的經營上，他相當有創意和天分，所以成為作家或編輯的也比比皆是。另外，雙子座也是商業上的好手，對於貿易和行銷他也都自有一套特別的看法，也可以在這方面獲得很大的利益。至於其他和雙子座有關的行業，還有交通與通信產業，在雙子座的傳播影響下，這些產品很快都會變成人們生活中的必需品。

■雙子座最佳辦公室星座組合

雙子座的個體性質：聊天我最行，工作照樣在進行。

他是辦公室的天之驕子，擁有一流的頭腦和一嘴的甜言蜜語，雙子座是辦公室人緣好得出名的中堅分子，想和他平起平坐得要花一些工夫，除了要有一點聰明的頭腦，還得要投其所好，這種感覺就好像消費一樣，你一定要付出一點讓對方看得到的利益，否則雙子座是不可能成為你的長久同伴的。

最佳辦公室星座組合：白羊座、雙子座、天秤座、射手座、水瓶座。

■雙子座工作小竅門

雙子座：避免淺嘗輒止。

雙子座是最機靈反應最快的星座，但是這樣也往往帶來興趣變化快，不容易對一件事情保持長久興趣的弱點。雖然雙子座可以透過從事變化快、節奏強的職業來發揮自己的優勢，但是任何職業都可能因為在具體環節再多下一點工夫，而獲得更大的收穫，雙子座在這一點上一定要多多加強。

雙子座的健康與時尚

✚雙子座的健康之道

多才多藝的雙子座，喜歡追求新的人或事物，對於各種各樣新的文化和資訊都勇於嘗試，因此，對於許多奇珍異食，自然是雙子座人，常常在減肥食譜中意外的脂肪來源，再加上雙子座的定性不是很強，所以，必須在例行的減肥運動中做規律性、階段性的更改，如在一星期內抽出兩三次時間上健身房，在一些固定假日中出外做健身或登山的計畫，在平時的餐飲上，約束自己晚上過八點不再吃東西。

✚雙子座的健康狀況

雙子座的肺部很容易受到感染，包括支氣管等呼吸器官，都要好好保養才行。如果說白羊座的人擅長腦力運動，金牛座的人強調實踐的行動力，雙子座則是以實驗精神著稱。容易擔心的雙子座，也要慎防神經緊張和過分勞累的問題，睡眠尤其重要。雙子座掌管支氣管、肺、肩膀、手臂、手掌和手指，這些被視為身體分支的器官部位。

雙子座的人易患上呼吸道病症、支氣管炎和哮喘。雙子座掌控著神經系統，因此這個星座的人經常是容易興奮且十分敏感的。雙子座的守護星水星，與呼吸相關的系統、大腦以及整個神經系統有著密切的聯繫。在頭腦和不同的身體部位之間，水星也起著重要的鏈結作用。因此雙子座的心境如何，將決定著他的健康狀況。憂慮

和神經質的雙子座容易患病。

✚健康減肥大作戰

　　麻煩的減肥食譜，對他而言是天敵，不妨改以高纖維的食物作為主食，每天一個蘋果，對神經系統較弱的雙子座亦有健康、美容的效用。總之，雙子座的減肥之途，須靠叮嚀與不斷地變化來加強塑身美容的理念基礎。

　　瘦身必殺技：一週時機瘦身法。

　　第一天：你要注意千萬不要過多攝取糖類，糕餅、零食萬萬不能碰！飯、麵包與麵類食物不要連續吃兩餐。第二天：恢復平日進食，但仍不宜過量，這一天要勤做瘦身操。第三天：正常進食。第四到第七天：若體重未降則需再做主食調整，或以蔬果代替。

　　注意事項：每餐後喝杯茶；每天都要做瘦身操，而且生活作息一定要正常，謹守「早餐吃得飽，午餐吃得好及晚餐吃得少」的用餐方式。這樣堅持一個月，你會發現不僅體重下降，連精神也會好很多。

✚雙子座的飲食禁忌

　　雙子座可能會有身體忽冷忽熱的病症，另外會出現頭脹痛、性功能障礙，食用肉桂、番茄、甘蔗、藻類食品可防治。萵苣、菜花可幫助雙子座的人克服支氣管的毛病。另外，氯化鉀的缺乏可能導致血液和循環問題。如果這種礦物質充足的話，能保持肺和支氣管暢通。富含這種礦物質的食物有蘆筍、青豆、菠菜、橘子、桃子、李子、芹菜、蕃茄、胡蘿蔔、杏和水菰。適合雙子座保持穩定心緒

的食物包括葡萄柚、杏仁、烤的魚和貝類、葡萄汁、蘋果和葡萄乾；萵苣和花椰菜也助於抵抗支氣管炎。雙子座還需要補充鈣，以保持他的骨質健康；牛奶、酪乳和優酪乳乾酪都是不錯的選擇。許多雙子座人無法一次吃那麼多食物；少吃多餐，一天四頓的飲食方法也許最適合你。

　　盡量少服用咖啡和興奮劑，草本茶具有鎮定作用。雙子座往往喜歡邊跑邊吃，也是垃圾食物上癮者。因此，想要有充足的能量和飽滿的精神，必須要有健康的飲食。

✚雙子座的時尚寶典

　　多才多藝的雙子座，富有朝氣、精力過人，雖然喜歡喋喋不休，卻是個受歡迎的人物。彩妝重點：利用眼影在上下彩妝處刷適量，並以黑色眼線筆勾勒出具知性的眼眸。整體造型：讓波浪式捲髮裝飾髮型兩側，並以米白底色，碎花點綴的服裝來強調捉摸不定的個性。

　　社交似乎是雙子座的特徵，在外出時，長褲加外套是適合的打扮，日常服飾可以粗獷的牛仔褲搭配襯衫或T恤，流露出一股帥氣。由於約會、上班的正式套裝有時可隨意變換各種組合，讓你在百忙中還是一樣靚麗赴約，這就是你令人羨慕的隨機應變能力。

　　適合雙子座的顏色是寶藍色、亮綠色與黃色等。一套粗斜紋棉布搭配色彩鮮麗的黃色T恤，帥氣十足，將T恤換成鮮明的綠色，給人清新的印象。洋裝也最適合不受約束個性的雙子座，亮藍色讓人感受到你身上的活力，寬鬆的上衣搭配緊身褲也能表現你修長的雙腿。

　　短髮最能表現出你的知性風格，偶爾剪個不對稱造型的髮型，流露出一股獨特的個性美。由於有修長體型，手鐲最適合不過了，把你修長的雙臂襯托得更有魅力，形狀新奇的配件都很適合你的個性。

　　雙子座的 MM 具有雙重性格。妳外表雖然比較保守，但實際上卻想像力豐富，活潑開朗，善於交際。建議妳不妨挑選一件簡單的首飾，配合妳簡樸的衣著，像一些三角形、方形的項鍊、耳墜等，此外條紋或是灰色的飾品會給你帶來幸運哦！

給雙子座的一些建議

◆ 成功需要做的

1. 不要太好奇，儘快專心面對工作及適應環境。

2. 多培養注意力，該放鬆時別繃得太緊。

3. 發揮你求知慾的精神，讓工作變得新鮮有趣。

4. 多利用備忘錄，提醒自己每天該做的事。

5. 做事切勿急促，等想清楚及規劃完善後再行動。

◆ 失敗時要注意的

1. 工作容易心不在焉，被與自己無關的事分心。

2. 玩心太重，喜歡貪圖享樂。

3. 常做跟工作無關的事情。

4. 交際應酬過多，耽誤該辦的正事。

5. 做事無法貫徹始終，光說不練。

◆ 給雙子座的愛情建議

你憧憬浪漫一生的愛情，又害怕從此被綁得死死的，要與你共度一生的人，一定要充滿睿智，能包容並欣賞你的善變與慧點。你適合晚婚，尤其是那種越洋婚姻，遠距離戀愛，都頗適合你。你對一切要求都多。因好奇心太強，所以會一下子想做這個，一下子想做那個，並以此為樂。那種話題豐富、興趣廣泛、交遊廣闊的人儘管是大眾偶像，但唯有這種類型才能令你動心。

📢 擇業中的注意事項

雙子座的人由於比較喜歡新鮮，常常將一些本來很不錯的工作丟掉了。所以，雙子座的人在擇業時注意不要太追求新鮮感。擇業如同擇偶，它對雙子座的事業，甚至對雙子座的人一生的前途、命運，有舉足輕重的作用。選擇了一個合適的配偶，可以奠定一輩子幸福生活的堅實基礎；選擇了一個不合適的終身伴侶，會給雙子座的人帶來無窮無盡的煩惱，不僅沒有和睦溫馨的家庭生活可言，而且，雙子座的事業也將受到影響。擇業最重要的一條原則是：先弄清楚自己最適合從事哪些職業，再去尋找最適合自己事業發展的公司。不是看現在社會上什麼公司、什麼職業最熱門，自己也去「湊熱鬧」。要知道：經濟氣候瞬息萬變，今天，「熱銷」的商品，或許明天就一文不值了。盲目跟著熱門走，最後會無所適從、迷失自己的。

📢 職場中的人際交往

雙子座的人是很個人主義的，這樣是不妥當的。加上雙子座的人太善於言辭，有時玩起文字遊戲，會脫離了現實失去信用。雙子座的人感覺敏銳，想像力豐富，即使只經歷過一次的事情，就好像已經身經百戰一樣，所以雙子座的人和別人講話的時候，經常會誇大其詞。而且雙子座的人很容易受別人影響，把別人說的事和自己說的弄混，無法分辨。當雙子座的人際關係不順時，雙子座的人也不判斷一下情況，就到處歇斯底里地亂喊亂叫，然後又馬上停止，接下來講一些無關痛癢的事情，結果造成無法預料的後果。

◁》 給雙子座的忠告

依雙子座的經驗看來，沒有惡習的人也少有美德。他對於存在於宇宙間的事物，比常人多一分因好奇而得來的理解力。察言觀色是雙子的看家本領，再加上他的口才，他總是很快便能有效掌握住別人的心思，並說服別人。以雙重性格形容雙子座是不公平的，因為雙子座的處世觀是「窮則思變，變則思通」。

獻給雙子座男性的話：「見人說人話，見鬼說鬼話的你，可以陪皇帝說笑，也能陪販夫走卒發牢騷。」

獻給雙子座女性的話：「妳的育兒觀是『用大自然的日精月華養育孩子。』」

星座小測試

✎ 測試一：哪種愛情兵法更適合你

　　經常參加各種聚會，如果其中有情投意合的異性，聚會將會非常有意思；但是也不乏遇到一些無聊的聚會，遇到這樣的情況，你會找什麼藉口離開呢？

　　A.無聊，我回去了。

　　B.對不起，我家教很嚴。

　　C.我身體有些不舒服。

　　D.哦，差點兒忘了，我還要趕赴一個約會。

📋 答案解析

　　A：你無須使用什麼招數，只需要堂堂正正地參與競爭就可以獲得愛情。但是美中不足的是，直線出擊往往容易失敗。當戀愛不能如意時，儘管有些殘忍，你也應該爽快地結束。喜歡你這種率直個性的男性肯定另有其人，何必在不屬於自己的東西上浪費自己的光陰呢？

　　B：你的優點是能夠靈活地改變自身的形象。你應該能夠善於觀察對方，輕易地把自己變成對方所喜歡的女性。因此，你可以不必主動接近他，他會主動向你表白的。但是，開始交往後，他也許會因為你「原來是這種女人」而失望，所以切忌極端地改變自己哦！

　　C：似乎古典的戀愛戰術更適合你，比如說與對方眉目傳情什

麼的。你比較害羞，明明喜歡對方，卻礙於面子難與對方主動搭訕，這在對方眼裏顯得十分可愛，於是會產生想保護你的心理。

D：對於你而言，似乎採用下述方法也比較奏效，即暗示對方「雖然我也喜歡你，但另外有一個人也讓我動心」，以此誘發對方的忌妒心理。即便對方並不怎麼看重你，他也會因此而萌生競爭意識。

✎ 測試二：以偏愛的顏色判斷他（她）愛你的程度

宇宙中顏色的波長是各種能量感應的密碼，我們感知最原始的光波所認識的顏色，也透露出自我能量的秘密。通過顏色的分析，你可以挖掘自己潛意識的秘密，也會知道自己在某些問題上顯示的能量。你對自己的魅力沒有自信嗎？想知道自己在異性眼中的魅力指數嗎？透過「靈性彩油」的顏色來瞭解自己，就知道如何對症下藥了。

你最喜歡什麼顏色？

A.藍。

B.黃。

C.紅。

D.紫。

E.粉紅。

📄 答案解析

A：在異性眼中的魅力指數：20分

你是一個非常平靜的人，甚至有點「冷」，要不就是「冰霜美

人」，抑或是「酷哥一族」，讓人覺得有點難以接近。雖然不會有一窩蜂的「蒼蠅」黏著你，可是暗地裏討論你的人非常多，他人覺得你的「完美」指數很高，但不敢褻瀆你。

B：在異性眼中的魅力指數：40分

你是眾人眼中的領導者，有主見，善於表達自己，也樂於開導他人，因此他人都把你視為「老師」或是「教導他人」的主管。只不過，有時會覺得你距離大家太遙遠，如果你能主動親近他人一點，那就是最完美的了。

C：在異性眼中的魅力指數：60分

你真是夠火熱的！對異性而言，你彷彿就是散發香味的盛開的花，是開屏的孔雀，主動地提醒世人，你已經準備好與人共舞，是舞池中絕不能錯過的佼佼者。不過，還是要提醒你，熱情不要太過外顯，畢竟有點神秘空間可以增加想像。

D：在異性眼中的魅力指數：80分

彷彿是「抒情詩人」的你，有種無窮的吸引力，尤其是帶著神秘感以及靈性氣質的你，給人無比的想像空間。你彷彿是靈性的水蓮，可以聞到香氣，卻不會讓人直接碰觸，更讓人欣賞的是你深層的智慧。有別於裸露，你是高雅的雅典娜！

E：在異性眼中的魅力指數：90分

彷彿有新鮮而青春的氣息，你散發著年輕的吸引力，這是最讓人無法抗拒的，並且愉悅地展現你的自信和風采。就像十八歲的少女一樣，任何族群都欣賞你，這不只是性的魅力，因為覺得接近你能帶給自己新鮮的活力、光明的感受。

cancer

CHAPTER 5
敏感多情的巨蟹座

巨蟹座（6/22~7/22）
天生具有旺盛的精力和敏銳的感覺，
道德意識很強烈，對慾望的追求也總
能適度地停止。有精闢的洞察力，自
尊心也很強，同時生性慷慨，感情豐
富，樂意幫助有需要的人，並喜歡被
需要與被保護的感覺。

 感情細膩的巨蟹座

★巨蟹座起源的美麗傳說

傳說一

在很久很久以前，赫五力大戰蛇妖的時候，從海中升出一隻巨蟹為幫助蛇妖咬了赫五力的腳踝，後來這隻巨蟹被赫五力打死，落在了愛琴海的一座小島上。巨蟹沒有完成女神希拉的任務，因而被詛咒，這詛咒便波及到了雅典王后的身上。在雅典公主美洛出生的時候，就有一位預言家預言，公主結婚的時候就是王后死亡的時候。為了這個預言，王后一直沒有讓公主嫁人。

直到美洛二十歲的時候，雅典城來了一位王子，名叫所颯。所颯是慕名而來，他一心想娶美洛為妻，而美洛在第一眼見到所颯時也深深地愛上了他。然而詛咒是可怕的，公主也不希望只為了自己的幸福去犧牲母親的生命。於是她想盡辦法阻止所颯，也阻止自己的慾望。她定下了九關，就如同九個不可能完成的任務一樣，除非所颯一一做到，他才可以迎娶美洛。然而，英勇無比的所颯竟一一做到了！公主陷入了兩難的境地，偉大的母親為了女兒的幸福，毅然決定把美洛嫁給所颯。

在美洛和所颯舉行婚禮的這一天，王后並沒有到場，她不希望宴會上出現什麼意外來破壞氣氛。王后一個人悄悄走向海邊，迎接著愛琴海的浪濤，跳海自盡了。當人們怎麼也找不到王后時，在海上發現了一隻巨大的蟹，它的雙臂環繞在胸前，彷彿缺乏安全感，又像是一位善於保護子女的母親。

　　希拉知道這件事情以後也有些後悔，於是讓那溫柔而敏感的母親在天上成為一個星座，它的形象就是一隻巨蟹。

傳說二

　　赫拉克勒斯是希臘傳說中的英雄，他受命除掉傷害人畜的九頭水蛇許德拉。在激烈的戰鬥中，許德拉有一隻巨蟹助戰，被赫拉克勒斯用大棒將蟹殼擊碎而亡，把巨蟹放在天上成為星座。在二、三月的夜晚，在南方天空可以看見巨蟹星座。

傳說三

　　巨蟹座最早脫胎於巴比倫的傳說。在埃及，這星座的象徵為兩隻烏龜，有時被稱為「水的星座」，有時又被稱為「阿璐兒」（一種不明的水中生物）。可見這星座和水關係之密切，但詳盡的傳說卻已散佚。

★**巨蟹座的性格特點**

　　敏感多情的巨蟹座是母性的象徵，雙臂環繞著胸前，表現母親護衛子女的天性。不過，就另一種象徵意義而言，懷中嬰兒代表了無助脆弱的自我，而環繞的雙臂，則說明了巨蟹座濃厚的自我保護意義。

　　巨蟹座人的情緒和情感是受月亮擺佈的，他的一生不斷會有週期很短的起伏，但這些起伏的幅度，未必真能組合成顛簸的風浪，因為巨蟹座的人很少憑一時衝動做事，總會在事前有周密的計畫，加上他特有的防範災難的直覺，使他經常巧妙而適時地避開可怕的不幸。他天生是一種非常敏感的生物，但你卻不太容易發現一隻會歇斯底里的螃蟹。行為的「失控」令他覺得難堪。壓抑不住的修飾

性格與害羞，使螃蟹在表現自己的優雅與和諧上，費盡力氣。也因此，陌生人讓巨蟹座人感到緊張，並有著難以改善的疏離感。

巨蟹座的人對自己用雙手創造出來的有限幸福心滿意足，但總擔心有人會奪去這一幸福。因此，過分地抓住他在精神和物質上所擁有的一切。這一星座的人的優點是熱情、正直、謙虛、謹慎，頭腦冷靜、感情細膩、為人真誠、忠心耿耿、富有組織才能，既有耐心又有毅力。巨蟹座的弱點是性格被動、思想保守、依賴性強、多疑多慮、容易製造驚慌不安的氣氛，而在真正危險面前往往不知所措。這一星座的人或者食慾過盛，或者食慾缺乏。另外，固執、疑慮和沙文主義，也是夏天出生的巨蟹座的主要缺點。

★巨蟹座的優點和缺點

優點：情感真摯深切，想像力豐富，念舊，重情義，有包容力，直覺敏銳，懂得體貼、關懷，親切溫暖，善解人意，有同情心。

缺點：跟著情緒走，提不起放不下，太過多愁善感，不知適可而止，缺乏理性思考，經不起打擊，說話拐彎抹角，不直接，過度保護自己，沉溺於往事，無法面對事實，心腸太軟。

★巨蟹座的處世方針

感情脆弱、個性溫和的巨蟹座，喜歡過踏實的生活，但同時也愛做夢。在金錢方面，喜歡投資，更善於存錢，雖然外表給人一種漫不經心的感覺，其實內心卻很會精打細算，不過算盤雖然打得很精，用起錢來卻不免有點浪費。至於選擇工作時，也會以金錢作為

考量的要素，可以說是個金錢至上者。

★巨蟹座的幸運寶典

幸運數字：2。

幸運日期：2 號，11 號，29 號。

幸運星期：星期一。

幸運時間：2：00～3：00。

幸運方向（約會方向）：北、西。

幸運場所：近水處。

誕生石：紅寶石（改運，增強內在力量）。

守護石：月光石（平衡多變的情緒）。

幸運寶石：月光石、銀、翡翠、珍珠。

幸運材質：白金。

幸運花卉：百合、夜來香。

適合服飾：寬大、有變化、舒適的服飾。

流行敏感度：功能性流行。

每月最需注意的日期：3 號、12 號、21 號。

適合職業：與食、衣、住相關的服務、買賣業或社會服務，教育，藝術工作。

適合定情飾品：項鍊墜子。

談情說愛的巨蟹座

♥巨蟹座愛情總述

巨蟹座感情豐富，對事物的感受性強。對外親和謙恭，頗有公眾意識，但是對內則有強烈的防衛本能，不願私生活受到干擾，大體上是一個溫和內向的人，但是決不向惡勢力低頭。熱心參加愛家、愛鄉、愛民的團體，自我意識很強，尊敬能夠保護自己立場的人，帶有懷舊的心情，是一個十分傳統的人。對巨蟹座的人而言，愛的成分裏包含著許多的安全感、仁慈及憐憫。巨蟹座的人可以像天蠍座的人一樣激情。但因為他容易受傷害的特質，往往會選擇性地表達其深情。要他給予承諾，你得等上好久，因為彼此間的互信對他而言是相當重要的一件事。

巨蟹座的人在開始墜入愛河時，所表現出來的行為是極為相似的。對巨蟹座而言，他的愛裏還多了一份母性的迷失。他既需要被無微不至地照料，同時也會這麼回報對方。如果你表現出痛苦、無助、虛弱和需要，就能引起巨蟹座的人對你的興趣。記住，他需要「被需要」的感覺。此外，別期望他會將每件事都說清楚。很少有巨蟹座的人，會把他的心思公開展示的。當你與他相處時，你必須學著去解讀他的資訊及情緒。不悅的表現是因為他感覺被拒；緊黏著你則意味著他需要安心；發牢騷表示他感到難過；易怒則意味著他感到不被肯定。但如果你試著去將問題挑明瞭講，巨蟹座的人則會從你身邊溜開。巨蟹座的人通常是忠誠的，因為安全對他而言頗為重要。但巨蟹座又是個變動星座，因此他的忠誠會受到一些考

驗。巨蟹座的人善於持家而且喜歡收集。換句話說，如果他感到安全的話，他通常會意識到自己的其他需要。

♥巨蟹座男子的愛情觀

巨蟹座的男子是戀家的。他會花很多的時間在處理自己的心情上，而且又被動的要命；他坐在那兒一個晚上，可以靜靜地不發出任何聲響，除非你是敏感的，敏感到可以感受到他深藏心中的多情，否則你一定會覺得是跟木頭在一塊兒，一點情趣都沒有。巨蟹座的男子是多變的，只是多變的是他的情緒，而不是他的個性。他在尋求安全感，在任何事物上他所要求的就是不受傷，他的心太敏感了，任何的風吹草動都會令他緊張，令他擔心他所擁有的一切會離他而去。所以你必須瞭解，他要的是安全感，但並不表示他不能保護一個家。他需要一個家，需要一個令他有安全感的家。他是好好先生，他相當戀家，這是許多女孩夢寐以求的典型；而且他會在家受到威脅的時候，勇敢地挺身捍衛家庭。他珍惜所有的事物，所以千萬別在巨蟹座的人面前浪費。你必須要好好地照顧他，否則影響你們婚姻的不會是外遇，可能會是他的母親。

♥巨蟹座女子的愛情觀

巨蟹座的女子是相當憂鬱的。其實不只如此，她有時也會歇斯底里，她可以很憂愁，也可以很快樂；當然有時也會很悲傷，很瘋狂。她是很溫柔的、羞怯的，但是她仍是水做的女人，而且只要開始落淚了，就很難停得下來，你得多帶幾條手帕才行。有時你會發現，她自己會有情緒上的問題，時好時壞，因為巨蟹座的守護星是

月亮，所以你會發現她的情緒就像月亮般，有著陰晴圓缺的變化。她需要有安全感，她害怕失去，她需要個能避難的地方。她是個好太太，她會燒一手好菜，而且也會把小孩照顧得很好。她溫柔地照顧她所擁有的一切事物，其中當然也包括你。她關心許多事情，像金錢、食物、家庭、母親、秘密等。

♥巨蟹座的愛情配對

巨蟹座是一個多情的人，喜歡「愛情長跑」，一旦戀愛則會奉獻到底。所以，充滿羅曼蒂克並且重視愛情的雙魚座，同樣能獻出生命的天蠍座，還有同是巨蟹座的對象都是最理想的搭配。不相稱的對象如：愛靜愛美但生活方式完全不同的天秤座，衝動莽撞的白羊座，都會使你感到不能適應而心生厭惡。

最來電的星座：雙魚座。配對指數 100 分（巨蟹座居上風）。

巨蟹座與雙魚座都是水象星座，一個充滿母愛的光輝，一個迫切地需要著愛。相遇的那一刻，天旋地轉，世上只剩下你們兩人，從此甜甜蜜蜜，羨煞旁人。

最不協調的星座：射手座。配對指數 40 分（巨蟹座居下風）。

秀才遇到兵，有理說不清。這是巨蟹座與射手座的最佳寫照。兩個個性截然不同的人怎麼有可能是最佳拍檔呢？

工作中的巨蟹座

■巨蟹座的 EQ 指數

EQ 指數為 84～92。

水象星座的三個星座性格均具有浪漫的特質，溫暖而富同情心，他們個個都是人際關係高手，而且是發乎內心地想與人親近，這項特質在巨蟹座尤其明顯。光是看他的守護神月亮，不同於其他行星，就可以看出端倪。巨蟹座的人喜歡將自己的家及工作場所整理得乾乾淨淨，井井有條，並且把它們當成是自己的王國。他歡迎任何想要進入這個領域的人做客，可是千萬別想做「不速之客」，否則你會領教到他的「排他性」。巨蟹座的男人會為了建築自己的「愛巢」而付出一切努力，成為他的朋友甚至他的家人，可以感受到他源源不絕的保護關懷之意。不過，可千萬不要嘗試在他的王國做個「另類」，不然你會「很累」。

■巨蟹座的工作態度

巨蟹座喜歡模仿，手藝又很精巧，可以為了創造與發明，用掉自己一生寶貴的時光。具有上天賦予才能的巨蟹座，如果能在工作中好好發揮模仿、創造的優異本能，未來前途一定會充滿光明。性情溫和、想像力豐富、適應能力佳，這些都是巨蟹座的優點，但對自身情緒的掌控稍有不足，在工作中性子常會太急躁，偶爾不順時容易一下子就生起氣來，長久下來會產生歇斯底里的傾向。對於工作雖然能確實去執行計畫，但做事不夠完美，又缺乏持久的戰鬥意

志，常常做到一半就半途而廢。

■巨蟹座適合的工作

　　巨蟹座是一個重視生活細節的星座，只要和生活有關的事物都會引起他的重視！所以他最適合服務業，尤其是有關於餐飲、旅館之類的和人們生活密切相關的行業。同時巨蟹座也是一個喜歡房子的星座，對於不動產或者是房屋裝潢之類的工作，也是很能發揮他長處的工作，巨蟹座的體貼與細心總是能完全抓住客戶的心意，讓業績蒸蒸日上！除此之外，巨蟹座的愛心一向是不容置疑的，所以像教師或者是保姆之類的工作都是巨蟹座的人常常從事的行業哦！

■巨蟹座最佳辦公室星座組合

　　個體性質：平日寡言多做事，遇到難題變英雄。

　　巨蟹座在辦公室男女差別頗大，不過他們都很和善，平常沒事會專心在自己的工作上，可以說是標準的好員工，也是大家覺得不具殺傷力的良好夥伴；不過別看他們人緣好或是不具傷害力，一旦和他們本身有關的事情，他們會特別敏感，甚至會特別保護自己，而不管別人怎麼想。所以要跟這個人做好朋友要從朋友做起，等他把你當做好朋友之後，在你遇到困難時，他絕對會是第一個站出來幫你的人。

　　最佳辦公室星座組合：金牛座、巨蟹座、處女座、天蠍座、雙魚座。

■巨蟹座工作小竅門

巨蟹座：避免感情用事。

巨蟹座是很重視情感互動的。即使在工作中，也往往比別的星座更看重是否與同事、老闆合得來。如果一份工作雖然薪水很好，但是人際關係很冷漠，會讓巨蟹座的人分外難受，試圖離開。而有時，也容易因為這一點而被其他人濫用了好心。巨蟹座的人儘量要把生活的態度和工作的態度分開，這樣才會有更大的成就。

巨蟹座的健康與時尚

✚巨蟹座的健康之道

顧家愛家的巨蟹座，敏感，富有想像力，對他人有強烈的防衛心，個性柔和，愛乾淨，在用錢上相當有計劃、有節制，是個具有母愛的星座，所以，在健身減肥功課上，不妨採取以家的活動範圍為主，如：將做家事排成一周的規律活動，排定在七天內截然不同的生活作息，另外，安排各人的運動，如：跳繩，搖呼啦圈或室內踩腳踏車，都是可以減肥的局部運動。

大多數巨蟹座的人身體屬於豐滿型，容易吸收營養的體質，食慾旺盛，應注意不可暴飲暴食，尤其是吃飯時，切忌收拾剩菜剩飯，一旦體重形成，要再減下來就辛苦很多，因此，飲食亦是巨蟹座必須要注意的專案。

✚巨蟹座的健康狀況

巨蟹座由於天性容易沮喪，杞人憂天，因此經常導致消化不良和胃潰瘍等疾病。腸胃功能弱，吸收力通常不是太差就是太好，所以消化器官和胃部的保養很重要，有賴固定的飲食習慣和正常的起居作息來調理。巨蟹座主星月球，掌管人體的胸部、乳房和消化系統等。

✚巨蟹座的飲食禁忌

巨蟹座的人，隨著年齡的增長體重容易增加。緊張、憂慮和情

緒化是他患病的癥結所在。他往往會遇到胃病和消化問題，經常引發潰瘍、噁心和胃炎等。由於受水星掌控，他時常沉溺於酒精中不能自拔。他應該攝入含鈣豐富的食物，如牛奶、乳酪、萵苣和蕃茄。包含鈣的秋葵，也有助於抵抗胃炎症。新鮮蔬菜、水果、精瘦的蛋白質，也是巨蟹座每日必須消耗的食物。少吃澱粉、糖和鹽，前兩種物質會引起便秘，鹽過多將導致痛脹。巨蟹座的人儘量少吃辣和過季的食物，還應拋棄辣椒調味汁和辣根。過量的甜點只會加劇你的胃病。要想有一個健康的消化系統和一個可以控制的體重，巨蟹座的人需要非常慎重地調節他的飲食。

✚ 健康減肥大作戰

巨蟹座和雙子座恰恰相反，巨蟹座的人都非常迷戀居家生活，屬於能坐著決不站著的類型。工作和外出對於他來說往往是種折磨，躺在家裏睡覺是最好的選擇。不過幸運的是，巨蟹座的人大多精於計算和計畫，所以即使發胖了，好好制定一下自己的食譜，就可以很快瘦下來。

瘦身必殺技：卡路里計算法。

所謂卡路里計算法，就是嚴格計算每餐所攝入的熱量，每天的攝入量以低於 1500 卡為準。

那麼，如何計算卡路里呢？下面介紹一種簡易的計算方法，用起來很方便。

主食：用普通大小的碗，1/4 碗米飯，半碗稀飯或半碗麵條的熱量，相當於 80 卡。

蔬菜：600 克蔬菜的熱量，相當於 80 卡。

水果：300 克西瓜或兩個橘子的熱量，相當於 80 卡。

肉類：37 克瘦肉或 20 克肥肉的熱量，相當於 80 卡。

海鮮：100 克左右的海鮮的熱量，相當於 80 卡。

雞蛋：1 個水煮蛋的熱量，相當於 80 卡；一個煎的荷包蛋的熱量，相當於 120 卡。

需要指出的是，每天攝入的能量一般以不少於 800 卡為宜，否則，人體會通過降低身體機能，來彌補能量攝入不足的情況，通常會造成頭暈、乏力的狀況，而且基礎代謝消耗的減少也會影響到減肥的效果。

✚ 巨蟹座的時尚寶典

巨蟹座的人善解人意又體貼，對藝術、音樂、大自然有一份欣賞能力，所以他具有浪漫和感性的氣質，缺點是情緒多變，略帶神經質。所以，甜美的裝扮會讓巨蟹座更顯清新嬌媚。巨蟹座的女性，體格多健美，她擁有令人羨慕的細緻肌膚，洋溢自然美。一件大領子樸素的洋裝，令妳更清純可愛。

日常服裝，可以休閒服表現自然的風格，輕薄質料和雪紡紗、蕾絲等，較能穿出浪漫氣息。適合巨蟹座的顏色有粉紅色、銀色等。一件珊瑚粉紅襯衫和黃綠色長褲，充滿青春的魅力。沉靜的粉橘色也能表現出浪漫的格調，偶爾穿去上班，漂亮一下又何妨。深茶色的套裝配上粉紅襯衫，也能呈現輕快的感覺。盛裝時不妨選擇高雅的銀灰色洋裝，搭配亮麗的紫色披肩，也能表現浪漫、華貴的氣息。短髮、直髮都很適合妳，配件可選用可愛的造型。色彩明亮的皮包，更能襯托親切的個性。

　　巨蟹座的 MM 雖然外表強硬冷漠，但實際上內心卻非常柔弱，她待人熱情友善，富有幽默感。所以建議巨蟹座的 MM 佩戴珍珠質料的飾品，典雅的設計款式最適合妳。此外，淺色系的眼影及唇彩更能襯托妳的清高個性。

給巨蟹座的一些建議

📢 成功需要做的

1. 工作中充分表現積極進取的態度。

2. 多發揮豐富的想像力和細膩的心思。

3. 散發母性的光輝，多多照顧同事。

4. 學著接納別人善意的批評。

5. 善加運用驚人的記憶力。

📢 失敗時要注意的

1. 太過於依賴情緒及感覺。

2. 處理事情太過於固執與抗拒改革。

3. 在工作中過於敏感。

4. 容易讓私生活影響公事的處理。

5. 會有自卑感，覺得自己不如別人。

📢 給巨蟹座的愛情建議

巨蟹座的人雖然把愛情及家庭生活看得很重要，但在交往過程中往往過於保護自己，缺乏勇往直前及付出的精神，顯得有一點點自私。

巨蟹座的 MM 十分感情用事，只要是被她認定的對象，哪怕是還不太瞭解，她也會想著要固定這段關係。所以巨蟹座的 MM 有可能早婚，而且她還是很重視婚姻關係是否完美的女人，因此離

婚對她來說是很不可思議的事情。所以，要建議巨蟹座的 MM 必須要有良好的判斷力，以免遇人不淑。

◁» 不要讓自己變成「工作狂」

「工作狂」是用來形容那些全身心投入工作，而不顧休息的人士。為了成功而努力工作沒有什麼不對，但最大的錯誤就是不懂得在工作與休息兩者之間取得平衡，這會帶來意想不到的惡果。巨蟹座的人，就常常為了工作而顧不上休息，結果由於精力不濟，導致工作效果欠佳，因而並不能因他工作積極而得到上司的賞識。其實，適當的休息並不代表懶散；休息，是為再進一步工作做好心理上及生理上的準備。休息幫助一個人儘快恢復消耗的體力和精神，令他工作得更起勁。所以當你發覺自己無法集中精神工作，時常不小心犯錯，脾氣暴躁，缺乏幽默感，心緒不寧，小題大做，動輒跟同事或客戶發生爭執，這就表明你需要暫且放下工作，好好休息一下，跟朋友一起出外走走，盡情享受生命中無牽無掛的一刻，達到身體與精神完全放鬆的效果。

◁» 職場上的人際交往

巨蟹座的人很沒有責任感，甚至可以說巨蟹座的人絕對不會擔負起責任，讓人覺得凡事絕不可以對巨蟹座的人掉以輕心。巨蟹座的人做好的事情非常希望人家看，可是別人做好的事，巨蟹座的人卻連看都不會看，甚至表現出一副嫌人家麻煩的樣子。巨蟹座的人只注意醒目的事物，可以看清事物大致的結構，但欠缺組合的能力。每當發生事情時，也都是先覺得很害怕，只想著要避開，不肯

面對事實。對於沒有辦法完成的事，也都把責任推給別人，自己想方設法逃避責任，一點也不思改進，更不想是不是因為自己的緣故。

📢 給巨蟹座的忠告

「二十床墊子加二十床鴨毛被下的一粒豌豆，你居然還能感覺得出來。」巨蟹座天生是一種非常敏感的生物，因為他的情緒和感情是受月亮擺佈的。巨蟹座體貼、善解人意且富同情心，很容易成為人際溝通的橋樑。巨蟹座愛家，且將美好的生活列為第一優先。他的記憶力佳，如果人生沒有足夠多的甜蜜回憶，巨蟹座會活得沒什麼信心。巨蟹座認為節流比開源重要，所以很容易給人一個「吝嗇鬼」的初步印象，但他卻認為這是你不懂得節儉的真諦。

獻給巨蟹座男性的話：「對你而言，珍藏青梅竹馬送的毛線球並不是你忘不了她，你不過是想保存童年的玩具罷了。」

獻給巨蟹座女性的話：「在無助的時刻，妳希望有一位勇士來保衛妳，但卻要小心他會哄妳，也可能騙妳。」

星座小測試

✎ 測試一：你是不是一個容易變心的人

這個測驗可以知道你是不是個容易變心的人。假設你面前有四款蛋糕，而你只能選一塊蛋糕吃，你會選哪一種形狀的蛋糕？

A.三角形的蛋糕。

B.正方形的蛋糕。

C.橢圓形的蛋糕。

D.圓形的蛋糕。

📋 測試結果

A：選三角形蛋糕的人很花心，會腳踏多條船，說變心就變心。

B：選正方形蛋糕的人很會自我保護，不會輕易墜入情網。

C：選橢圓形蛋糕的人基本上很專情，但如果第三者是你喜歡的類型，你還是會變心。

D：選圓形蛋糕的人外表看似專情，事實上，一旦條件成熟，你會相當花心。

✎ 測試二：從抽煙的動作看得出他的想法

生活中如何判斷你的愛人是什麼性格，你在他心目中的位置如何？現在介紹一個簡單的方法，就是觀察男子的抽煙姿勢，抽煙時的手指的位置是多樣的，把這些抽煙方式分類，大約分為五類：

A.把大拇指放在旁邊而抽煙的人。

B.把手指都攤開而使大拇指按著下巴或放在嘴邊。

C.用中指和食指拿著煙。

D.把煙放在中指和食指的騎縫口上。

E.把手反過來拿著煙，在抽煙的時候別人看得到他的手掌。

抽煙的方式有這樣五種，而各種方式都有其意義。

📋 結果分析

A：意志堅強，富有獨立性，自負心很強，討厭接受別人的命令。無論什麼問題，如果自己不表示一點意見，總覺得不能放心，最討厭清閒無事而特別喜歡忙碌，有男性力量，是能夠成為領導人物的人。不過有遇事太性急的缺點，而且因為好大喜功，有時也不免遭到失敗，如果具有冷靜的態度，會對其有幫助。

B：這是一種敏感而神經又很纖細的人，情緒不穩定，而且非常任性，因為太會逞強，所以不容易使人親近他，事實上他是一個很隨和而又喜歡親近別人的人。如果在一般時候，他抽煙時並不是這樣拿的，到了心裏一有點不高興或精神緊張的時候，才會這樣拿香煙。

C：這個人性情溫和，做事總要為別人留有餘地，對各種問題抱有消極態度，不喜歡大膽的冒險，做事總要選擇一條安全而可靠的道路，這類男子很會體貼人。

D：為人誠實，是一個毫不含糊的可以信任的人，從表面看去，好像為人和善老成，但也會突然下決心出乎意外大幹一場，C型是一個很顧家的人，而 D 型可以說是一個不顧家，而專門在社

交圈中活動的人，此人健康，對自己的生活方式有自信，是靠自己的力量幹一番事業的人。

　　E：這是一種跟誰都說得來，在社交方面很吃得開的人，喜歡與各種各樣的人接觸，多少有點同 C 型相似的地方，有時雖然會遇到一點挫折，但生性快活，所以不管在成功還是失敗的時候，人緣總是很好的。

✎ 測試三：你會愛上什麼樣的人

　　原本一個好好的大晴天，當你逛街逛得正高興時，突然下了一場大雨。當你正焦急之際，後方伸出了一隻手，手上拿了一把雨傘，你回頭一看，他（她）正是你最中意的那一類型。他（她）告訴你，他（她）就住在前面的那棟四層樓的公寓，然後就把雨傘留給你了。你希望他（她）是住在那棟公寓中的第幾層呢？

　　A.第一層。

　　B.第二層。

　　C.第三層。

　　D.第四層。

📄 答案解析

　　A：就女性而言，欣賞的是自信、穩重而有男子氣概的情人，能沉穩地面對難題，具有不屈不撓、堅韌毅力的男性，才是最吸引你的。至於男性，喜歡的可能是深具母性的女子，一個能為你漂泊的心靈提供一個溫柔港口的女人。

　　B：是給人頗「舒服」和「好感」的樓層，所以無論是男性或

女性，最傾心的是那種溫柔體貼、擁有一份好性情，而且幽默、爽朗和平易近人的情人。你最需要的是一份心靈上的默契。

C：第三層由於是位居中的位置，給人一種很穩定、安全卻又不會高不可及的形象，所以一個認真、踏實，卻又不過分虛榮的情人是你所要的。就女性而言，要的是一個有經濟基礎和能力的標準青年。就男性而言，你要的可能是一個樸實、不花俏、肯為你持家、安家的傳統女性。

D：這是一個從表面看上去，比較無特性的一層樓，因此給人一種「隱晦」、「秘密」的感覺。所以，你心中理想的異性該是那種特別具有神秘感與叛逆性的人，甚至看起來有點「壞壞」的浪子，那種越令你捉摸不定的情人，你就會愛得越深。

CHAPTER 6
具有王者風範的獅子座

獅子座（7/23~8/22）
正如神話故事所描繪的國王一樣，威
嚴、寬厚、仁慈而且高傲。他的內心
沸騰著強烈的激情，渾身充滿活力和
生機，具有王者風範。

高貴有魅力的獅子座

★獅子座起源的美麗傳說

傳說一

尼密阿是巨人堤豐和蛇妖厄格德的兒子。當人與妖相愛的時候，尼密阿就從月亮上掉了下來，是上天賜給這對夫婦的一個漂亮的寶貝，家人都叫他阿尼。阿尼實際上是個半人半妖的怪物。白天他是一頭兇猛的獅子，全身的皮毛閃著太陽的顏色；到了晚上，他才變成人形，是一個金髮藍眼的少年。阿尼的妹妹許德拉是一個九頭蛇妖，她的上半身和人一樣，而且十分美麗；下半身是蛇，月光一樣的銀色。

阿尼從小就深深愛著許德拉，他們雖然有同樣的父母，但阿尼是從天上掉下來的，而許德拉卻是母親厄格德自產的。許德拉一直認為阿尼是天上的某顆星星，終歸是要回到天上去的。而阿尼說，在回到天上以前，願意為許德拉做任何事情，包括死。於是他們相愛了。

然而幸福的日子很快被厄運撕碎。英雄赫五力按照神諭昭示，接受了國王的十項任務，其中兩項就是殺死阿尼和許德拉。阿尼不明白為什麼神界的爭鬥要波及他們，宙斯犯下的錯要他們來承擔。阿尼本不願與赫五力為敵，但為了保護心上人許德拉，他決定將赫五力擋在尼密阿大森林外。許德拉想要阻止他前往，阿尼安慰道：「除了妳，沒有人能殺死我！妳放心吧，我一定可以戰勝這個宙斯與凡人的兒子。」說完，他隻身前往去會赫五力。

許德拉很愛阿尼，她不會讓阿尼去送死，她決定在阿尼之前擊退赫五力，哪怕是同歸於盡。許德拉來到阿密瑪納泉水旁迎戰赫五力。然而，儘管她可以變出九個頭，形成咄咄逼人之勢，但赫五力畢竟是一個偉大的英雄，他勇敢而果斷地殺死了蛇妖許德拉，並把隨身帶的箭全部浸泡在劇毒蛇血裏。

傍晚，阿尼也終於找到了赫五力，他現在是一頭浴血的雄獅，朝赫五力猛撲過來。赫五力拔劍與獅子戰在一處，但獅子的皮毛似乎任何利器也穿不透，赫五力根本沒法殺死他。天色漸漸暗了下來，赫五力想到那些浸毒的箭，於是瞄準獅子射了過去。一支、兩支沒有射中，第三支箭射中了獅子的心臟。那浸著毒蛇血的箭，一下子射進了阿尼破碎的心，獅子倒在地上變成了人。赫五力驚詫地看著阿尼，而阿尼一句話也沒有說就死去了。

後來宙斯讓阿尼回到了天上變成了星星，就是那個燦爛如太陽的獅子座。而屬於獅子座的人類，也被賦予了勇於為愛情犧牲的性格。面對挑戰者，直來直往單打獨鬥的王者風範，是獅子座的象徵。

傳說二

傳說海格列斯是天神宙斯的私生子，剛出生時，就遭到好忌妒的天后赫拉的詛咒，因此一生要面臨十二項艱苦危險的考驗。第一項就是與刀槍不入、力大無比的獅子搏鬥。幾經廝殺，英勇無畏的海格列斯最終將獅子殺死。於是宙斯把獅子升上天空，以炫耀海格列斯的戰績。人們可在四月下旬南方的天空中看到它。

傳說三

傳說中和這個星座有關的象徵，是位於希臘尼米安谷地的一頭

獅子，在一次鬥爭中被海格列斯殺死。

★獅子座的性格特點

　　為人正直，頗具威嚴。喜歡以自己的魅力和才能開創出一片天地，並熱衷於權力地位。處理事務時採用光明磊落全力以赴的做法，厭惡卑劣的小人行徑。有演戲的才華，對自己充滿自信，近乎自戀；另一方面，由於心胸寬大，自能吸引群眾。不過，容易被自己的情緒左右，經常覺得孤獨。

　　人生如「秀」，既然要秀，就要秀得漂亮，秀得痛快，秀得令人難忘。獅子座人把生活的每個角落都當成自己表演的舞臺，他看起來好像非常愛「現」，殊不知他只是活得太認真太講究罷了。凡有人在之處，他便無法完全鬆弛，借助於表演性質的溝通方式，使他可以瞭解在場的人是否相處得來，這頭獅子才會慢慢從警醒狀態解放出來。接下來如果他還繼續在「現」，那便是他把你當自己人看，他喜歡娛樂朋友。當然啦，最重要的是，他真的很能「現」，可以從中獲得人生至樂。在他秀過之後，記得給他掌聲或獻上玫瑰花，他會表現得很不在乎這些，他心中真正暗喜的是：「很好，沒有人在我表演結束之前離席！」「啊，那頭獅子又在自我醉了！」

　　獅子座善於渲染自己的情感，但不會自虐，他很愛自己，他的方式是自我解嘲和自我陶醉。他認為這是一種相當優秀、毋庸置疑的生活哲學。他受不了自己一個人欣賞這套哲學，不過他也不願意你太明顯地欣賞，你最好拿一個高倍望遠鏡，躲在草原的另一端偷窺，他會裝作沒這回事，但偶爾做一個鬼臉給你看。如果你為他精彩的鬼臉鼓掌，即使他聽不到，他也會敏感地彎腰鞠躬答謝你的。

★獅子座的優點和缺點

優點：有領導能力，具有激勵人心的氣質，組織力強，熱情開朗，對人慷慨大方，心胸寬大，懂得寬恕，一言九鼎，有信用，樂觀，不多疑，誠懇，正直。

缺點：死要面子活受罪，好大喜功，莫名的優越感，喜歡接受奉承，缺乏節儉的美德，喜歡指揮別人，缺乏耐性，剛愎自用，自以為是，緬懷過去，能伸不能屈。

★獅子座的處世方針

個性外向開朗、對別人寬容是獅子座獨特的魅力，而內心孤寂是最大的弱點。儘管獅子座的人容易動怒、做事沒耐性，情緒會不穩定，天生卻是個樂天派，最大的毛病是禁不起別人的奉承，喜歡聽到讚美的言辭。對自己有信心很好，但小心過度自信會對自己造成更大的傷害。如果能獲得人緣，讓周遭的人為你喝彩，你會願意做出任何犧牲，來滿足自己的虛榮心。擁有像火一樣熱情的獅子座，由於具有強烈的自尊心，不輕易妥協，心中大都承受著很大的工作壓力，外表熱絡，內心卻很寂寞。不過有很好的意志與上進心的獅子座，在想法上從沒有「金錢勝過一切」的念頭，所以花錢大方，絕不會小家子氣，而且非常討厭吝嗇，看到有困難的人，會毫不猶豫地伸出援手，富有強烈的正義感，因此擁有很好的人際關係。

★獅子座的幸運寶典

守護星：太陽（象徵熱情和活力）。

守護神：阿波羅神。

主宰星：太陽。

屬性：火象星座。

幸運數字：1。

幸運日期：1 號，10 號，28 號。

幸運星期：星期日。

幸運時間：11：00～13：00。

幸運方向（約會方向）：北北西、西南西。

幸運場所：寬闊處。

誕生石：橄欖石（改運，防災，增強定力）。

守護石：黃玉（舒緩心理壓力）。

幸運寶石：黃玉。

幸運材質：金。

幸運花卉：向日葵。

適合服飾：高級名牌、醒目、獨一無二的服飾。

流行敏感度：高級流行。

每月最需注意的日期：4 號，13 號，22 號。

適合職業：演藝人員，官吏，政治家，企業家。

適合定情飾品：項鍊墜子。

談情說愛的獅子座

♥獅子座的愛情總述

獅子座看似磊落，其實暗中注意每個人。相信婚姻使人幸福，婚期適中。獅子座受眾人矚目會感覺幸福。

對獅子座而言，愛可以讓世界轉動，就像其他生命的經歷一樣，是神話般、必須極致地戲劇化的。愛必須勇敢而豐富，燦爛而高潮迭起，否則就不是獅子的風格。他喜歡「愛上」，也喜歡扮演愛人的角色。如果你恰好是那位接受者，你將經歷的可能是前所未有的。

獅子座的人就是有適時地展現戲劇性姿態的才能。他是浪漫而慷慨的，而他展現愛的方式之一就是送禮物。這些禮物可不是常見的巧克力，它們可能是比較昂貴的，來自異國或是難以取得的，並且通常是可以穿戴在身上展示的。所以，如果你是獅子座的愛人，就大膽地表現出你的感激之情吧。對獅子座的人而言，如果他的愛人不喜歡或不願接受這份禮物的話，他可能會生氣地將禮物給毀掉。與接受者相較，獅子座的人寧願擔任給予者的角色。但他不會隨便草率地給出禮物──他可能精心策劃許久，而且還會為對方會不會接受自己的禮物而擔心呢。

♥獅子座男子的愛情觀

獅子座的男子是要被崇拜的。他總是那麼的強壯，令人覺得如此的有安全感，而又是那麼的溫暖、體貼，只是偶爾有些「霸

道」；不過你可千萬別這樣對他表示，那可是會令他傷心的，他認為他只不過是喜歡讓大家知道誰是主人而已。他的守護星是太陽，這就如同他的個性一般，那麼的顯而易見，一點也無法隱藏。他同時是熱情的，而且是那麼易燃。他會有點張牙舞爪般地愛表現，而這只不過是他調情的方法之一罷了，你應該會喜歡才對，這可不是每個星座的男人都會的把戲。

　　他真的需要被你真心地崇拜，你很少會看到像他這樣能幹的男人。更何況他喜歡把大把的金錢花在你身上，使你看起來能高貴、大方，能完全配合他的身份。別對他調情，他永遠知道男人該做什麼事。獅子座的男人必須要像個國王，讓他感覺到尊貴，是很重要的。尤其是在婚後，別讓他覺得是在牢籠中當個獅王，那會很沒面子的。有些事你得知道，你在他心中永遠是那唯一的皇后，只是他也還會看看別的年輕母獅在做些什麼事；不過他自己也很清楚地知道：只要能曬曬太陽就很棒了。

♥獅子座女子的愛情觀

　　獅子座的女子是多愁善感的。不過通常很少有人會有這樣的機會看到她的愁情面貌；平常的她可是很「三八」的，但是也非常的美麗出眾。天下沒有任何星座的女子，可以像她那樣富有貴族的氣質，如果你是獅子座女子，那你真夠幸運！

　　獅子座的女子是向日葵，永遠明豔動人，受到人們對她的注意及羨慕。別想要馴服她，她除了有個漂亮的外表，還有個智慧的腦袋。這也難怪她為何總是那麼的驕傲、有自信，還有一些虛榮了。她很堅強，從不畏懼強權，但是對自己的影子卻怕得要命。她不喜

歡比她柔弱的男人,至少在面對男人該處理的事情時,不可以退縮,要勇敢向前。她不在乎你是否成功(當然,成功也是重要的),只要你像個男人般地照顧她,有強壯的肩膀及擔當。別想叫你的母獅在婚後不去工作,她熱愛擁有自己的事業。她會為你的成就而感到光榮及驕傲,同樣的,你也必須如此對她。別把她當做獅子,她只不過是隻「大號的貓」。

♥獅子座的愛情配對

獅子座好表現,喜歡受人恭維,理想的對象是可以和你分憂、同甘共苦的白羊座;有自由、進步思想,開朗,願和你享受人生,實現理想的射手座;還有同屬獅子座的人,均為相稱的對象。不相稱的對象如:過於自私、堅持而陰沉的天蠍座;能打破你一切理想的水瓶座;像岩石般頑固使你感到委屈的金牛座。

獅子座的愛情最來電的星座:白羊座。配對指數 100 分(獅子座居上風)。

兩人同屬火象星座,本來就容易產生超強的吸引力,再加上兩人對感情的態度直來直往,姿態都蠻高的,所以當眼光一旦交會,眼裏再也容納不下別人了。

最不協調的星座:摩羯座。配對指數 40 分(獅子座居下風)。

一隻是獅子王,一隻是老山羊,兩者都是王,兩個人都很有企圖心,一下子明爭,一下子暗鬥,但是浮躁的獅子終究還是會敗在沉穩的老山羊手裏。

工作中的獅子座

■獅子座的 EQ 指數

EQ 指數為 88～96。

在炙熱的陽光籠罩下，獅子們流露出一股自傲和自信，總是期待眾人的喝彩，期盼綻放出生命的光華，難怪演藝圈裏有眾多「獅子」們。提到領導這回事，所有人都不能否認獅子可是天生好手，而且渾身上下充滿著與生俱來的魅力，在一場宴會中，獅子會是個完美稱職的女主人或男主人；會是個古道熱腸無比慷慨的朋友，也會是熱情如火的情人，難怪他們的 EQ 商數位居 12 星座之首。不過，獅子們必須要注意一下他們那種蠻橫不講理的態度，尤其如果妳是隻母獅子的話，很可能一下子就嚇走了那個妳一心想要擄獲的男人。另外，獅子的金錢觀念也令人搖頭，這一點，獅子們自己應該心知肚明吧！

■獅子座的工作態度

獅子座的特點是擁有不服輸的心理，越是困難的事，越想去嘗試並征服。這股鋼鐵般的意志以及貫徹始終的決心，能化腐朽為神奇。因此，獅子座對具有挑戰性的工作都能全心投入，隨時表達自己的看法。由於其喜歡領導別人，所以常會在工作中跟同事或主管發生意見上的衝突。因為理想過高，對於事情不如自己想像中的完美或達不到設定的目標時，就會顯得焦躁而失去信心。大膽、有信念、天生寬厚的獅子座，具有鬥志、開朗的性格，同時擁有自由與

高貴的情操。做任何事能夠全力以赴，努力不懈，毫不畏懼，一旦決定去做的事，絕對貫徹到底，個性雖然有些性急，好大喜功，但不失為獅子座成功的主因。

■獅子座適合的工作

獅子座天生就具有王者之風，有與生俱來的領導魅力，所以最適合成為領導者，或者從事一些管理與決策性的工作，重要的是獅子座的人絕對不能做太沒地位的事，這會嚴重地損傷他的自尊心！獅子座是屬於公眾人物的星座，所以獅子座的人很容易就成為家喻戶曉的角色，可能是政治人物，也可能是閃亮的明星。同時獅子座也是個有創造力的星座，在舞臺表演和藝術能力上，他都有著絕佳的天賦，最好是能夠即時找到自己的興趣和目標，再憑著獅子座超人的毅力，不論是哪方面的事物，他都可以成為其中的佼佼者，得到最大的成功。

■獅子座最佳辦公室星座組合

個體性質：格調高低很重要，不屑旁門和左道。

獅子座的工作方式相當光明磊落，同時他需要別人尊重他的意見，尤其最喜歡辦公室的同事向他發出求救訊號，那時的他意氣風發，真是得意得不得了！所以要籠絡這個星座的人並不難，因為他天生藏不住秘密，正義感十足，而且又有責任感，如果有了他的幫助，將會使你的辦公室生涯相當精彩而有趣！

最佳辦公室星座組合：白羊座、獅子座、射手座、水瓶座。

■ 獅子座工作小竅門

獅子座：避免過分自信。

獅子座的確是非常有創意，同時願意把事情做到最好的星座。但是一旦在某一方面取得一定成績之後，就容易過高地評價自己以及相應的處理能力。這一方面容易為獅子座的人招來忌妒，也容易被冠之「狂妄」。其實，獅子座的人不要太擔心自己的努力不被別人認可，適當時候表示謙虛，反而會為你加分不少。

獅子座的健康與時尚

✚ 獅子座的健康之道

　　極為自信的獅子座，是個能將興趣化為工作的人，天生具備卓越的創造力，活動範圍很廣，又具有洞穿他人潛在慾望的能力，適合活躍於人群之中。獅子座的人通常是屬於體格較為健碩之人，在身體健康方面應較注意心臟、循環系統方面的毛病，在健康方面，可以進行循序漸進的運動再加上飲食方面的控制。但由於獅子座的人天生喜歡帶動人群，生活在大家以他為中心的活動中，因此不妨集體參加舞蹈或減肥課程，一起參加調節體重的功課。另外，再依個人的局部重點減肥來按摩推脂，塑造窈窕的每一寸肌膚，肯定會讓獅子座女人驕傲不已！

✚ 獅子座的健康狀況

　　由於獅子座的人做起事來事必躬親，抱持著全力以赴的態度，因此容易加重心臟的負荷，應該要特別注意。獅子座由太陽主管，除了心臟、脊椎及背部之外，循環系統和腎上腺等也和獅子座有密切的關係。獅子座的男女，經營事業、生活不遺餘力，因此到了中年時，就應該將步調放慢，吃喝玩樂方面更應該有所節制，以減少身體的負擔。像高血壓、發燒、心臟病、中風及風濕等疾病，獅子座的人應特別當心。

✚ 健康減肥大作戰

獅子座天生的貴族氣質，成就了他死要面子的個性，所以獅子座對減肥這件事總是不願意正面接受，但是獅子座的人一般都非常喜歡吃肉，對於青菜有一點不屑一顧，這為脂肪的堆積創造了很好的條件，那麼，怎樣讓獅子座不動聲色又氣質優雅地減肥呢？

瘦身必殺技：糙米咖啡瘦身法

糙米咖啡可以在市面上買到，亦可自己動手製作，方法是將等量的糙米與咖啡豆放於磨豆器中一同磨碎，再以蒸餾咖啡壺泡製便可。糙米本身含有豐富的礦物質及纖維，對人體非常有益，而且能夠幫助排除體內積存的酸性毒素，解決獅子座愛吃肉留下的問題。每天喝糙米咖啡可消除便秘、水腫，長遠來說可令體重下降。優雅地喝杯特製咖啡就能解決體重問題，獅子座的人一定會很滿意吧！

注意事項：患有失眠及精神容易緊張的人士，不適宜飲用過多。因為當中的咖啡因會令心跳加速，刺激神經系統。普通人每日亦不應飲用超過四杯，否則容易引致焦慮、恐慌及心肌梗塞等症狀。

✚ 獅子座的飲食禁忌

獅子座人有著健壯的體魄，極強的柔韌度和協調性。他通常是優秀的舞蹈家和運動員。但背部比其他人更容易感到疲倦，易患心臟病。不過，獅子座的人還是以長壽而聞名的。太陽是獅子座的守護星，因此它與心臟、後背和脊髓有著緊密的聯繫，影響著脾臟和人的整個生命力。獅子座的人以身體好和極強的生命力而著稱。概括來說，獅子座身體健康，不過他必須學會好好保養，避免今後心

臟病發作。

　　磷酸鎂形成血液蛋白，能維護血液的流動和啟動消化酶。含有這一物質的食物有向日葵種子、無花果、麥子、黑麥、杏仁、核桃、檸檬、蘋果、桃子、椰子、米、海鮮、甜菜、蘆筍和蛋黃。促進血液循環的食物包括牛肉、乳酪、禽畜、肝臟、新鮮水果、全脂牛奶和優酪乳。富含鐵的食物，譬如菠菜、葡萄乾和棗類，對獅子座的人也大有裨益。李子、梨和橘子能幫助減少心臟壓力。學會正確飲食，減少油膩食物。

✚獅子座的時尚寶典

　　獅子座的女性大方，具有靚麗的氣質，但是往往又帶一點陽剛味，會給人一種孤寂感。不過獅子座的女性在男性群體中是被寵的，因為妳愛撒嬌、嬌嗔、哭泣，往往令他們對妳是又怕又愛。快樂時，妳會自然發出光彩，讓人覺得妳漂亮極了；心情不好時，沉重的表情會令妳黯然失色。獅子座的女性通常都很健美，她們是不錯的運動員，網球、游泳、打高爾夫球，她們都很在行，因此身材非常勻稱，褲裝能表現妳的個性美，深橘色套裝，搭配對比色的綠色襯衫，讓妳顯得華麗耀眼。

　　適合獅子座的顏色有橙色、金色和深紅色等，愛炫耀的天性，可選擇亮麗組合。深紅色和亮藍色搭配，華麗中又能流露一股朝氣，橘色、黃色和綠色的混合搭配，明亮、愉悅真是擋不住的熱鬧。波浪型的捲髮能襯托妳開朗、活潑的個性，任何金屬配件，鮮豔而大的造型都很適合妳。鞋子和皮包也可以華麗色彩為原則，但要記得搭配服裝的顏色，鮮豔的顏色才能表現出你愛熱鬧、活潑的

本質。

　　獅子座的 MM 能力很強，十分自信。假如妳的願望受挫或努力失敗，更會激發妳的權慾思想。因此設計簡單又不失高雅，顯得大方又能烘托妳高貴氣質的首飾較適合妳哦！所以，建議妳佩戴豔黃、淺黃、褐色鑽石飾品，一定會給妳帶來意想不到的驚喜。

給獅子座的一些建議

📢 成功需要做的

1. 發揮高超的領導能力及自信。

2. 獨立又迅速地完成工作。

3. 隨時鼓舞自己並激勵他人。

4. 做事乾脆俐落，積極行動。

5. 多與人溝通，不要剛愎自用。

📢 失敗時要注意的

1. 不自覺會太過自誇或表現傲慢。

2. 喜歡被讚美與重視。

3. 容易強調特權。

4. 欠缺思考，輕信每一個人。

5. 具有過於強烈的競爭性。

📢 給獅子座的愛情建議

　　獅子座的人熱情、衝動、誠實而忠心，很有幽默感，會吸引許多異性的眼光，但驕傲霸道的天性卻使人感受不到你的愛意，因而阻礙了感情的發展。和獅子座一樣熱情的情人，能讓彼此在事業、愛情上擦出亮麗的火花。

　　獅子座最理想的情人：像國王般受眾人注意時是你最愉快的時刻，你很清楚自己有吸引人的能力、才幹與外貌，但除了受你的吸

引之外，還要有出眾的能力、外表、不拘小節、大方、開朗、自信等性格的人，才能獲得你的青睞。

工作中要確立最佳起跑點

獅子座的人有很強的能力和衝動，但卻常常難以選定最佳的發力點，所以常會出現事倍功半的情況。這是獅子座人應特別注意的。人生猶如田徑場上的賽跑，選擇好最佳的起跑點，將是事業成功的必要條件。常言道：志不立，天下無可成之事。古往今來，凡是有所作為的政治家、思想家、科學家，莫不具有遠大的志向。立志是人生的起跑點，反映著一個人的理想、胸懷、情趣和價值觀，影響著一個人的奮鬥目標及成就的大小。

職場中的人際交往

獅子座的人是不善於奉承別人，卻時常想要別人捧自己的人，如果只和重視自己的人交往的話，獅子座的世界會變得十分狹窄，會使獅子座的人變得很孤獨。好惡分明，絕對不會相信，不按照自己的想法去做和自己生活方式不一樣的人。獅子座的人視野狹窄是造成痛苦的根源，就像是個「一無所有的國王」。

獅子座的人的態度傲慢無禮，脾氣倔強、頑固，一直都認為自己是對的，即使錯了也不道歉，獅子座的人雖然是太陽之子，但是如果獅子座的想法受到了限制，他會相當陰鬱，變成乖僻的個性。另外，要記住，過分的自信，會阻礙自己前進！

📢 給獅子座的忠告

「你需要強力聚光燈很多的玫瑰與掌聲和一點點的‘寵’」。
自我解嘲和自我陶醉是他疼愛自己的方式。獅子座的人喜歡明朗的
人際關係，即使神秘如愛情，他都受不了自己搞不清楚狀況就跟別
人眉來眼去。挫折感會使獅子有著更年期般的尷尬。獅子喜歡人更
甚於物，生活面廣，結交人多。獨處時，總覺得自己孤零零的，像
隻被人拋棄的小貓。而且，獅子座被人群拋棄或拋棄人群後，自我
價值感便迅速滑落。

獻給獅子座的男性的話：「其實你心裏最想說的是：你們以為
我是什麼？我……我只是一隻貓啊。」

獻給獅子座的女性的話：「妳是溫暖的陽光，但任何人都無法
私自擁有。」

星座小測試

✎ 測試一：你的他是一個愛撒嬌的人嗎

他平時都有什麼小動作呢？

A.頭歪向一邊，用手托住頭。

B.按住臉頰、頭、頭髮。

C.用指尖撥弄雙唇。

D.雙手交叉。

E.自己握緊自己的手。

📄 答案解析

A：托住臉頰的手，就是代表安慰自己的母親，或戀人柔軟且溫暖的臂膀或胸膛，總之托住頭就是希望得到愛人的擁抱和安慰。

B：當發現自己造成錯誤的時候，想也沒想就用雙手用力壓住雙頰，這是表示希望所愛的人能給予愛撫，並且得到安慰。

C：用食指及拇指的指尖撥弄雙唇，一面克服不安，一面可以得到安定的表現，指頭是母親乳頭的象徵意義；同樣的，為了穩定情緒，就會用指頭接觸唇部。

D：用雙手環抱胸部有兩種意義，一種好像嬰兒時期被嚇哭，母親就會邊哄邊搖，而在成年時感到挫折時，身邊卻沒有人，就會產生這樣的動作；另外一種意義，有防衛意識時，比如不想跟他說話的人見面，想拒絕某些事情，也會用這個動作來切斷與對方的關係。

E：自己握緊自己的手時，其中一隻代表自己，而另一隻手代表心目中所仰慕的人的手，有時緊張的時候，也會不自覺握緊自己的手，就是表示希望有雙握緊自己的強而有力的手。

✎ 測試二：你最適合什麼樣的示愛方式

假如你在一間精品店裏看到一件自己十分喜歡的擺設，但價錢實在太貴了，你會怎樣跟老闆講價呢？

A.請朋友也在此買東西，一起付款叫老闆算便宜些。

B.直接請老闆賣便宜點。

C.來來回回好多次，待老闆自動減價。

D.算了，忍痛以貴價買下來。

E.站在對象前面按兵不動，直至老闆主動減價。

📄 答案解析

A：你太依賴朋友了，談情說愛是兩個人之間的事，雖然平時可以找朋友幫你說盡好話，但到了表白時，最好單獨行動。

B：你是那種想做就去做的人，直接跟對方說反而乾脆俐落，小動作做得太多會適得其反，但是你表白時千萬不要太緊張，以免嚇怕對方。

C：欠缺自信的你，要你坦白示愛實在令你難以啟齒，反而寫情書更有效，你能在信中真摯地表達自己的情感，對方看完後將深深被感動。

D：你是那種期待對方明白你的心情，然後主動向你示愛的人，膽小的你，如果你是男性便太被動了，拿出勇氣向她示愛，是

男性的基本動作嘛！

　　E：你做事有點無賴，但勝在有耐性，示愛時要多加誠意，發覺對方面有難色，你就要有耐性，好讓對方能夠慢慢瞭解你，接受你。

✎ 測試三：測測你對家有什麼樣的概念

　　當你回到家時發現身上沒帶鑰匙，你會怎麼辦？

　　A.找鎖匠開門。

　　B.找可能的入口翻進去。

　　C.等家人回來開門。

📄 答案解析

　　A：對家沒什麼依賴度。

　　B：對家人的態度有時會很不耐煩，但事後又會很後悔，但你還是會想家的。

　　C：家庭一定很美滿，你跟家人相處得很好，彼此會互相照顧，是個很顧家的人。

Virgo

CHAPTER 7

追求完美的處女座

處女座（8/23~9/22）

很多時候要面對很多實際的瑣事，這時的處女座便不得不在冷漠中面對周圍世界：要麼說話做事很不自然，有做作的痕跡；要麼便極度冷漠和被動，對誰都不理不睬。其實，處女座的人很清楚自己現在的樣子，但他無力改變和控制自己的情緒，只能選擇瘋狂地逃避一切。

 ## 溫文爾雅的處女座

★處女座起源的美麗傳說

傳說一

　　泊瑟芬是一個純潔的女神。她是人間的大地之母、穀物之神狄蜜特的獨生女兒，是春天的燦爛女神，只要她輕輕踏過的地方，都會開滿嬌豔欲滴的花朵。有一天，泊瑟芬和同伴們在山谷中的草地上摘花，她驚奇地發現一朵銀色的水仙，美得光彩照人。她漸漸遠離了同伴，伸手去採摘那朵水仙。就在她摘下它的一瞬間，水仙化作一團紫色的煙霧，一股淡淡的陰間香氣彌漫開來。煙霧漸漸散去，眼前出現了一個一身黑色，有著紫色眼眸的俊逸非凡的男子。

　　泊瑟芬驚恐地後退了一步。只見那男子嘴角流露出一絲可怕的笑，說道：「女神，你破除咒語救了我，那就履行我的誓言嫁給我吧！」泊瑟芬還沒有弄明白是怎麼一回事，地上就裂開一道縫，一股強大的力量把她捲了進去⋯⋯

　　泊瑟芬的呼救聲回蕩在山谷裏，狄蜜特拋下手中的穀物，飛躍千山萬水去尋找女兒。人間沒有了大地之母，種子不再發芽，肥沃的土地結不出成串的麥穗，人類面臨巨大的災難。這一切很快傳到了宙斯的耳中，他知道劫走泊瑟芬的是冥王海地士，便下令再一次詛咒他。海地士終究敵不過宙斯的法力，但他是真的愛著泊瑟芬。他知道自己馬上就會再次陷入長長的昏睡，於是對泊瑟芬說：「我身上的香氣應該屬於人間，請你把它帶走吧！」說完，海地士閉上眼睛，再也看不見心愛的春天女神泊瑟芬了。

泊瑟芬從地府回到人間的時候正是春天，她把百花的香氣灑在大地上，把燦爛的陽光帶給每一個人。然而，她卻忘不了在地府長眠的海地士，那雙紫色的眸子在女神的心裏揮之不去。夏天，女神疲憊地思念著；秋天，女神又沉甸甸地思念著；到了冬天，女神終於忍不住跑到了地府看望海地士。這時，海地士就會奇跡般地醒過來，等到春天泊瑟芬一離開他，他又陷入睡眠。年復一年，這個純潔美麗的處女發現自己是真的愛上了陰鬱的冥間幽靈。

於是宙斯便規定一年之中有四分之一的時間可以讓他們相會。從此以後，大地結霜、寸草不生的冬天就是泊瑟芬到地府去見海地士的日子。宙斯感動於這份特別的愛情，將天上的一個星座封為處女座，以紀念泊瑟芬為人間所做的一切。

傳說二

傳說雅斯德萊是宙斯與正義女神的女兒，當時世事紛亂，惡行猖獗，眾神厭惡這個世界，紛紛遠離。但雅斯德萊仍抱著一線希望，四處奔走，但仍無進展。只好遺憾地離開人間，升到天上成為處女星座。五、六月的傍晚，在南方的天空，你可以看到她仍眷戀地俯視著人間。

傳說三

根據羅馬神話，處女座又名阿斯特裏亞，為天神朱庇特和維納斯女神的女兒，是正義女神。黃金時代末期，人類觸犯了她，於是她大怒之下回到天庭。

★**處女座的性格特點**

處女座的人，一般都對學識淵博的人，懷著崇敬和想親近的

心。他認為知識是很重要的，豐富的知識可以使人通達於天地之間，不會被命運中不可解的謎團困擾不前。當命運之謎阻擋在他面前時，反而更能激起他強烈的求知慾，並使他興致勃勃地從各種角度去詮釋它。因此，處女座的人很懂得如何去安慰一個失意的朋友。他的思考力很強，他的收集、分析、歸納、重組和整合的思想，一貫的作風和獨力承擔的勇氣，都是非常令人佩服的。

遺憾的是，這種知識強人在生活常識方面，總是顯得過於簡單，以至於常叫人覺得他是低能的。他可能說不出自己所在城市重要的戲院或藝廊的正確位置，但是他對自己書房裏的任何一本書一支筆，卻能瞭若指掌。

對知識的偏執，使得處女座的人打心眼裏便認定：智慧是人生幸福的鑰匙。他在精神上總是有一種高尚的氣質。秩序與倫理，是他存在於社會的必然條件。你也許覺得他拘謹，其實還不如說他是嚴肅在內心裏，因為處女座的人在外表上是不忌諱成為一個笑料的，他會樂意你從這笑料中體會出一些意義。處女座的人拒絕臣服於權威，卻又敬畏不可掌握的智者。他合適做幕僚工作，作為領袖人物，則違背天性，會吃力不討好。

★處女座的優點和缺點

優點：追求完美，永不氣餒，腳踏實地，事事謹慎小心，善於收集資料，勤奮努力，守本分，靠得住，謙遜不誇大，有精確的觀察力，有耐性，對愛情忠實。

缺點：太過吹毛求疵，嘮叨瑣碎，杞人憂天，自掃門前雪，有潔癖傾向，缺乏接受批評的雅量，不夠浪漫，不尊重他人的夢想，

人際關係有待加強，太過實際，缺乏遠見。

★處女座的處世方針

　　雖然生性認真，勤奮好學，但基於善變星座的宿命，處女座的魅力與缺點可說是一體兩面。一方面，做事一板一眼，略帶潔癖，喜歡當面指出別人的錯誤與缺點；但另一方面，在處理事情上又不夠成熟且有神經質，考慮不夠周到。雖然討厭半途而廢，但過分要求完美，在思想上常會因過於剛直而不知變通，會讓周圍的人覺得很受不了。對處女座的人來說，工作是一種理想，而金錢卻是生活必需品，比任何事都來得重要。因此對金錢會很關心，希望能賺更多的錢，如果是為了賺錢而工作，就算工作再苦再累也無所謂。由於生活理想很高，不管是食、衣、穿、住都要求最好，不但不善於存錢，而是容易浪費金錢。

★處女座的幸運寶典

　　守護星：水星（象徵知性和工作）。

　　守護神：傳令之神馬久裏。

　　幸運數字：5。

　　幸運日期：5 號，14 號，23 號。

　　幸運星期：星期三。

　　幸運時間：21：00～23：00。

　　幸運方向（約會方向）：西北西、南南西。

　　幸運場所：小城市。

　　誕生石：藍寶石（改運防災，增強信心與行動力）。

守護石：紫水晶（降低心中的煩擾）。

幸運寶石：紫水晶。

幸運材質：白金。

幸運花卉：風信子、大波斯菊。

適合服飾：清爽簡單的天然質料服飾、剪裁大方的白襯衫、藍色碎花洋裝。

流行敏感度：耐久性流行。

每月最需注意的日期：6號，17號，24號。

適合職業：絕佳的幕僚人才，大眾傳播工作者，服務業，出版界，會計，科學研究。

適合定情飾品：髮簪。

 談情說愛的處女座

♥處女座的愛情總述

　　處女座的人大多看起來溫文爾雅，而且有潔癖（可能表現在精神方面）。處女座的愛情藏在內心深處，一旦你通過考驗，他決定付出時，壓抑的情感都將爆發出來；他會忽然變得積極大膽，那時只有應不應該，而不會考慮委不委屈，也沒有任何條件。所以，能被處女座選中的人是很幸福的，只要你是真的誠實、知性、負責，那麼即使處女座的要求很高，那也都是正面的提醒。要知道處女座的人寧願犧牲自己，也不會去勉強所愛的人！處女座是喜歡羅曼蒂克氣氛的人。

♥處女座男子的愛情觀

　　處女座的男子是細膩的。不只是對事或對物，就連對感情也是如此，只是一般人很難瞭解他感情層面的看法；但是感情一定要實際，不可以有任何的矯情。他是分毫不差的，在任何事物上都是如此，他是如此要求完美，這也就難怪他在感情上會那麼慎重地處理了。

　　他對細節是非常注重的，當然，任何小事也都在他的計算之內，他對任何事物也是挑剔的。所以你不要覺得意外，就算是對你也是如此，你必須要快些習慣他，他有時沒什麼耐性。他通常會是個好先生，他對感情是忠實的，不過他是有潔癖的，所以家中至少要保持乾淨、整齊。他是非常重視成長的，因此學習仍舊是重要

的，否則你會發現「距離」將越來越遠。

♥處女座女子的愛情觀

　　處女座的女子是多愁善感的。只是這點並不會有太多人贊同，但她確實如此。她的要求可是相當嚴格的，不管是針對什麼。當然，你也可以說她是挑剔，這是每個處女座的人都有的特質；同時，處女座的人也可能會否認自己的這項特質。但你總會發現處女座的人在挑選水果和蔬菜時，會很仔細，而這只是其中一項會在無意中展現出來的特質而已。

　　她不喜歡感情發展得太快，這會令她聯想到「激情」，所以絕大多數處女座的人都會晚婚，也會來個愛情長跑。別忘了處女座的人可是有潔癖的，所以身為一家之婦的她，可是非常注重整潔的。當她的另一半自然得要注意整潔及衛生習慣；像是要你經常洗澡和洗手、刷牙，物有定位、定時定量。不過，換個角度來看，這不都是為了你好嗎？儘管有時她可能會吹毛求疵地嚇壞周遭的人，但若是你能被她愛上，絕對是幸福的，因她寧可犧牲一切，也不會勉強她所愛的人。

♥處女座的愛情配對

　　最來電的星座：金牛座。配對指數 100 分（處女座居上風）。

　　金牛座隱藏式的才華與熱情，只有細心的處女座發覺。兩人同屬土象星座，所以更容易產生相知相融的感覺。

　　最不協調的星座：水瓶座。配對指數 40 分（處女座居下風）。

　　屬於未來星座的水瓶座，在與處女座經過一段時間的相處後，可能會發現處女座沒有創意；而處女座則可能覺得水瓶座實在像是外星人，兩人很難溝通。

工作中的處女座

■處女座的 EQ 指數

EQ 指數為 80～84。

處女座有天生纖細的心思，這可能與他的守護神水星是座心智之行星有關。處女座向來是個「為人服務的星座」，這個特質，使得他的人緣雖不見得好到哪裡，卻也不會多差，成為 12 個星座中，EQ 商數落差最小的星座。處女座大概是黃道 12 個星座裏最嚴格自制、最修養到家的星座，但他習慣性的「自我批評」常使人誤會處女座的人有點自制，有點冷漠。完美主義者的個性又常使他身邊的人喘不過氣來。處女座通常適合做會計、影評人、看護等，而且往往會在同一工作崗位上待好幾年，即使別人可能覺得無聊乏味，他卻能樂在其中。

■處女座的工作態度

處女座擁有豐富的知識，喜歡閱讀，有商業才能和精闢的批判能力，是不折不扣的完美主義者。對工作熱心，為了不辜負周遭人的期望，在工作上相當認真努力。由於很討厭虛偽與不正當的事，所以對每件事情都喜歡追根究底，然後將它分析、評斷，一定要歸納、整理出結果才肯罷休，決不會半途而廢。對自己分內的事一定認真完成，擅長把握良機的處女座，因為理想過高，會為達成目的而全力以赴，雖然處事還算務實，不過卻喜歡吹毛求疵。如果想獲得個人的幸福，必須具備有面對現實的適應力、協調力及寬容力才

行，要是不能同時具備這些因素，處女座的人可能會變成慾求不滿的人。

■處女座適合的工作

處女座是最有辦事能力之一的星座，喜歡追求完美的他，總是可以把事情做到盡善盡美的地步，但是也會因為太注重細節而忽略了整體，所以不太適合做決策，反而比較合適成為秘書或者幕僚人才，尤其是一些需要專注和細心的工作，都是處女座最常從事的行業，如統計分析之類的職業。除了這些，處女座的人也適合從事醫護和藥劑方面的職業，尤其在護理方面，頗有服務精神的他，總是能給予病人最好的照顧。其他還有編輯和諮詢的工作也是處女座的專長之一。

■處女座最佳辦公室星座組合

個體性質：慢工終究出細活，等你等到我心痛。

辦公室裏需要最長的時間完成一件事的，絕對是處女座的人，因為他細心、觀察力敏銳，其實不適合坐辦公室，但是你要是在辦公室遇到他，可千萬要記得：他是催不得的，因為他對於鑽研細目相當在行，所以你的工作要是需要這樣的人才，處女座倒是不錯的人才。

最佳辦公室星座組合：巨蟹座、天蠍座、處女座、金牛座、雙魚座。

■處女座工作小竅門

處女座：避免陷入細節。

處女座的人在處理複雜問題的時候很有一套，而且做事往往很有體系，不慌不忙。但是唯一一點不好的就是，總是難以容忍別人不完美的處理方式。因此，往往把所有事情都抓在手裏，事必躬親。這樣的態度，對於想要晉升到管理崗位的人來說，是非常不利的。有時，要大膽放手讓別人去做，自己把握全局的情況，這樣才能成其大事。

處女座的健康與時尚

✚處女座的健康之道

　　一般來說，對自我要求甚高的處女座，在體形上多屬於瘦長型，在消化系統上較弱，正因他個性上處處要求完美，有些壓力是內加的，因此在身材的比例上，較少見橫向發展或很肥胖型的處女座。對健康而言，打球、慢跑、有氧運動等屬於彈跳力方面的運動較適合他，但有些不喜歡與大夥在一起活動的人，不妨採取游泳方式，一來可以借助水力按摩全身及腹部；再者，在水中的鬆弛可使處女座的人舒解工作及生活上的壓力。就飲食方面而言，若飲茶不要太熱，容易傷腸胃，過量也容易造成胃下垂，切記！切記！

✚處女座的健康狀況

　　這個星座的人經常會為自己的身體狀況擔心。一遇到問題，他就會感到身體不適，症狀通常表現在腸道上。處女座有一個挑剔的消化系統，容易引起消化不良、潰瘍、肝臟不適、大腸炎等問題。因此，他很擔心自己的健康，也容易得抑鬱症。一般來說，他的體質都不是很好。一點小病痛不好好調理，就會變得很嚴重，因此平日的保養工作，對處女座的人來說，有絕對的必要性。

✚健康減肥大作戰

　　處女座的人溫柔、安靜，喜歡獨處，就是在飲食上也喜歡清淡，和獅子座不同的是，處女座的人對肉、蛋、奶之類的東西沒有

什麼興趣，平時喜歡以青菜、米飯為食物，常年如此也不覺得單調。可這並不會給他帶來苗條的身材，原因就是缺鈣。

瘦身必殺技：補鈣瘦身法

如果你是一個正在為身上脂肪煩惱的處女座，不妨試用補鈣法，說不定會步入「柳暗花明」的新天地。科學家的解釋是：人體血鈣升高後，可增加一種稱為降鈣素的激素分泌。而降鈣素這種激素可降低人的食慾，減少進餐量；另外，足量的鈣特別是離子鈣，在腸道中能與食物中的脂肪酸、膽固醇結合，阻斷腸道對脂肪的吸收，使其隨糞便排出。用這種方法，每日攝入 200 毫克的鈣質，一個月下來，就可以足足減掉三公斤，而且全部都是脂肪。

✚處女座的飲食禁忌

硫酸鉀能保持皮膚毛孔暢通。在飲食中缺乏這種物質可能導致頭屑過多、掉頭髮、濕疹、粉刺和頭髮分叉，還會引起極端疲勞和便秘。含有這種物質的食物多為綠色葉茂的蔬菜，像麥子和五穀麵包、燕麥、杏仁、乳酪、橘子、香蕉、檸檬、瘦牛肉等。容易消化的健康食物則包括玉米麵麵包、優酪乳、棕色米、蛋和優酪乳乾酪。瓜、蘋果、梨和番木瓜對處女座的人也非常有益，而檸檬汁將緩和皮膚病暴發和頭屑問題。處女座的人愛吃巧克力，但巧克力會導致皮膚和消化系統的不適。正確的飲食是保持身體健康的根本。另外，不應攝入過於辛辣、味道重或油煎的食物。

✚處女座的時尚寶典

處女座有一種內在魅力和不受「新潮」干擾的特有浪漫氣質，

願意把自己的幸福置之度外,而為別人貢獻出自己的全部精力。因此那些不張揚但又有個性的飾品是你的最愛,溫軟的碧玉是你配飾的最佳選擇,此外,含蓄、內斂的灰色也可以凸顯你的低調個性。

　　溫柔的處女座是很在意她的外表的,她不追求流行,但以整齊為原則,處女座的女性有纖細的腰和修長的雙腿,因此緊身褲、裙裝都很適合妳。外出時,紫紅色的裙子配上白色上衣和黑外套,相當俐落。學生式的清純打扮很適合妳,處女座的女性適合學生頭,長髮可編成傳統的麻花辮,這樣才能呈現妳清純的形象。各式的花形飾物、蝴蝶結都很適合妳,使用質感佳的皮包與非常女性化的鞋子,能夠讓妳更有女人味。

　　適合處女座的顏色有深藍色、紫羅蘭色和象牙色等,酒紅色也是不錯的選擇,這種顏色不容易穿得好看,可選擇輕軟、柔和的質感,才能穿出品味,處女座的人也適合清爽優雅的裝扮,紫羅蘭色的套裝和銀灰襯衫的組合,高雅而恬靜。

給處女座的一些建議

◀» 成功需要做的

1. 找一份穩定的工作盡情發揮專才。
2. 做事有效率和系統。
3. 能朝著計畫循規蹈矩前進。
4. 心思敏銳、富有觀察力。
5. 多發掘想像力，增加創意。

◀» 失敗時要注意的

1. 容易低估自己的能力。
2. 喜歡批評別人，言辭過於犀利。
3. 工作壓力過重，會有倦怠感。
4. 做事吹毛求疵、一絲不苟。
5. 太過注重小細節，缺乏遠見。

◀» 對處女座的愛情建議

處女座的人天生保守又敏感，很難表露自己的真感情，對於愛情顯得理智，但內心深處是很怕失去所愛的。拙於表達情感以及缺少柔情蜜意，容易使你的戀情觸礁，所以最好找個熱情、主動、包容力大的情人取長補短一下。

凡事精打細算，也很善於理財，一旦被你鎖定的戀愛對象，多半能結成良緣。你最大的弱點是經不起戀愛失敗的打擊，很容易精

神崩潰，失去信心。處女座的女生，最好能嫁給一位年長於妳的對象，除了要具經濟實力外，也比較能呵護心思細密的妳。

完美很重要，但不要太苛刻

處女座的人很細心，十分適合做辦公室的工作，對事情的處理一般都十分得體。但是，有時會過於瑣碎，對別人的過錯不肯輕易原諒，容易惹出是非。所以，不管同事怎樣冒犯處女座的人，或者處女座的人之間產生什麼矛盾，總之「得饒人處且饒人」，多一事，不如少一事，凡事能夠忍讓一點，日後處女座的人有什麼差錯，同事也不會做得太過分。

處女座的人際交往

處女座的人很重視事情的正確性，是個完美主義者，雖然處女座的人討厭做事隨隨便便，可是絕對不能以同樣的態度要求別人。而且，處女座的人很神經質，對其周圍所有的事物都很注意，一定要講出來才甘心。處女座的人平時會馬上就注意到細小的事情，情緒焦躁不安，而且變得很囉唆，所以處女座的人有時會讓周圍的人疲憊不堪。處女座的人愛操心，小心眼，對所有的事都太在意。就算沒有什麼好擔心的時候，處女座的人也愛鑽牛角尖，找出什麼東西來評判是非。如此下去，會使處女座的人自己也筋疲力盡。

給處女座的忠告

「你們像是電子顯微鏡下一株水草裏的原住民。」通常，憑一時衝動做下的事，他多半要後悔，所以凡事要三思而行，不該奢望

自己能做出一勞永逸的事。或許是太過堅持完美，使得處女座的人常給人喋喋不休、太過挑剔的印象。

　　獻給處女座的男性的話：「你最不能容忍的是：別人用輕蔑的言語和你說話。」

　　獻給處女座的女性的話：「完美固然重要，但何妨讓自己的神經輕鬆一下呢？」

 星座小測試

✎ 測試一：你的吸引力如何

有一天，你來到傳說中的許願池塘，聽說在那兒，許下的任何願望都能實現，你在這樣的許願池，第一眼會看到的是什麼？

A.美麗的天鵝。

B.漂亮的荷花。

C.綠色的浮萍。

D.平滑如鏡的水面。

📄 答案解析

A：你不自覺地就會引起異性的注意，因為天生的好條件，也讓你對自己的外貌和魅力深具信心。習慣被眾人的眼光簇擁、寵愛，也知道隨時在適當時機放電，經過你身邊的人，很少有不回頭多看你幾眼的，真是上帝恩寵的傢伙。

B：你善於等待，因為倨傲的個性，不容許自己主動向人示好，你就像沉靜優雅的粉荷，相信真正的有識者才能瞭解你的優點。所以你看起來有點冷峻孤傲，不過就偏偏有人會瘋狂愛上你這一點。

C：你壓根兒就沒想過吸引力這玩意兒，因為你從來沒把這當回事，不會特意修飾自己。你只專注於眼前的目標，不在乎別人的看法。你喜歡愛人甚於被愛，因此你總是化被動為主動，去追求更有吸引力的人和事物，這對你而言是更實際的行動。

D：你的心情十分矛盾，因為不確定自己在別人眼中，會是什麼樣子。所以你一方面怯於表露自己的優點，顯得有點保守畏縮；可是另一方面，又覺得憤憤不平，認為沒有人能欣賞你的好，然後又將自卑情緒轉為自戀自滿的防衛機制。

✎ 測試二：小痘痘暴露你的性格秘密

臉上長痘痘是一件讓人討厭的事情，尤其是隔天就要出席重要場合，或是將要和情人見面，擾人的青春痘更是最大忌諱，你最怕痘痘長在哪兒？

A.臉頰。

B.下巴。

C.鼻子。

D.額頭。

📄 答案解析

選擇A的人：你的觀察力很強，可以很快地看出環境的變化以及別人的情緒起伏。所以，在你的腦中儲存了不少資料，一筆一筆的檔案都很清楚。想要套你的話很困難，因為你的資訊多半是只入不出的，除非是碰到你覺得可以深談的對象，或是對方有交換情報的價值，你才會將自己收集來的資訊告訴對方。

選擇B的人：你的善惡分明，不過都會悶在心中，很少說出你的想法。那些紛爭看起來都很複雜，你也覺得自己可能應付不來，乾脆不聞不問，少聽那些風聲。只有當你覺得有人口上太缺德，專門製造一些紛亂，便會出來講幾句公道話，或是提醒旁人注意一

點，但還是會儘量維持中立。

選擇C的人：在利益關係的考量下，你儘量不去得罪別人，希望能保持不錯的情誼。不過順應環境的變化，好像總會出現一些小圈圈，結黨集派的事情既然難以避免，你也得快點選邊站。屬於你這一派的夥伴，當然可以得到一些有用的信息，而能趨吉避凶。你是團體中最重要的消息來源，有問題找你準沒錯。

選擇D的人：你做事情好像挺衝動的，誰敢惹到你的火爆脾氣，可就有罪好受了。這使得你這直腸子也讓別人看得很清楚，只要抒發完情緒，把事情講清楚，也就沒事了。你也不會再去多說是非，或在別人背後動手腳。不過這樣光明正大的作風，不太容易發現陷阱，可能會不小心中了其他人的暗算，這一點可得小心了。

CHAPTER 8

理性又浪漫的天秤座

天秤座（9/23~10/22）

溫柔、嫻雅，品格正直，平易近人，
需要忠貞不渝的友誼和愛情。無論天
秤座的男性還是女性，都處處閃耀著
人格魅力的光輝，以及所蘊藏的藝術
上的靈感和才華。

 公平客觀的天秤座

★天秤座起源的美麗傳說

　　正義女神是宙斯的女兒，海神波塞冬是宙斯的弟弟。在極為遙遠的年代，人類與神一起居住在地上，過著和平快樂的日子。而正義女神和波塞冬在長時間的相處中也產生了感情，他們彼此尊重，互相愛慕。正義女神有著男子一樣的氣質，堅毅而熱情；波塞冬像海一樣深邃，冰冷。宙斯有無數的妻子，因此也有數不清的兒女，而波塞冬是他唯一的兄弟，是他和天后赫拉用淚水造出來的。不僅宙斯和天后疼愛他，神殿裏所有的神祇都視他如掌上明珠。正義女神卻十分獨立，有自己的思想。

　　人類很聰明，他們逐漸學會了建房子、鋪道路，但與此同時也學會了勾心鬥角和欺騙。戰爭和罪惡開始在人間蔓延，許多神無法忍受，紛紛回到天上居住，只有正義女神和波塞冬留了下來。女神沒有對人類絕望，她認為人類終有一天會覺悟，回到過去善良純真的本性；但是波塞冬卻對人類喪失了信心，他悲觀地勸女神回到天上去。女神自然不聽，於是兩人生平第一次爭吵。他們爭執得很激烈，從人類的問題上不斷升級，最後竟吵到了彼此的身世上。正義女神鄙夷波塞冬不過是一灘鹹水，而波塞冬則抖落出宙斯的醜聞及女神私通的事實。正義女神受到極大的侮辱，找到父親宙斯評理。天后赫拉建議兩人比賽，看誰能更讓人類感受和平，誰輸了，誰就向對方道歉。赫拉偏愛波塞冬，又忌妒正義女神的母親，她知道水是生命的源泉，一定會讓人類感到和平。

　　比賽的地點設在天庭的廣場，由海神先開始。只見波塞冬朝牆上一揮，裂縫中就流出了非常美的水，晶瑩剔透，讓人看了以後感到無限的清涼與舒適。這時候正義女神變成了一棵樹，這棵樹有紅褐色的樹幹、蒼翠的綠葉以及金色的橄欖，任何人看了都感受到愛與和平。波塞冬朝女神微笑著，他知道女神的心願終於實現了。人類認識到和平的重要，女神與波塞冬和好如初，宙斯為了紀念這樣的結果，把隨身帶的秤往天上一拋，就有了今天的天秤座。

★天秤座的性格特點

　　天秤座個性穩健而理智。有優秀的平衡感和公正的判斷力，善於協調，在相反的意見中往往能擔負起調停的責任。凡事講求邏輯和策略，絕對不以暴力解決事情，而是以巧妙的手腕，在對等的權利和利害中找出平衡點。八面玲瓏，頗有社交才華，容易博得上司的眷顧和禮遇。

　　天秤座的人有著相當明顯的個性。他良好的領悟力、理解力及邏輯觀念，使天秤座人的成績雖不名列前茅亦不至於墊底；若說到戀愛方面，這更是他的強項，與生所具來的優雅風度能讓異性的目光總是久滯不去，因事制宜、能屈能伸的個性更使每個人對他好評不斷，若稱呼他為「浪漫的戀愛高手」亦不為過，不過缺乏自省能力，經常不經意地亂放電也會讓你的對象頗為抱怨。

　　天秤座大多目光柔和，鼻子略尖，嘴巴寬闊但唇形優美，頭髮柔而細軟，頸部線條優雅，五官細緻，整體長相給人協調的印象。

★天秤座的優點和缺點

優點：公平客觀，有正義感，適應力強，對美感有鑒賞力，邏輯強，善分析，天生的優雅風采，浪漫的戀愛高手，有外交手腕，因事制宜，能屈能伸，適應力強。

缺點：優柔寡斷，猶豫不決，意志不堅定，容易受人影響，一相情願，怕得罪人，不能承受壓力，過分要求公平，吃不得虧，治標不治本，總是自圓其說，藉口太多，喜歡享受，好逸惡勞，常不經意地亂放電，缺乏自省能力。

★天秤座的處世方針

天生屬於社交型人物的天秤座，喜歡跟每個人保持和諧的關係，而且舉止優雅，不會隨便傷害他人的感情。對於自己的言行舉止很合宜，絕少激動的言語或行動來表現喜怒哀樂等各種情緒，因此給別人的建議相當中肯，可以用巧妙的理論和溫和的言語說服對方，不過遇到自己的事卻顯有點優柔寡斷。外表看起來很悠閒，做事不急不徐的天秤座，其實對金錢方面很機靈，為了獲得更好的收入，會拼命地工作賺錢，抱持的原則是沒有支出便沒有收入。因此不會一元、五元地死存錢，而是利用投資來賺進更多的錢財。雖然擅長運用金錢，但不知合理地投資，所以無法擁有大筆財富，也沒有天生的大財運。

★天秤座的幸運寶典

主宰行星：金星。

守護神：愛神維納斯。

屬性：風象星座。

幸運數字：6。

幸運日期：6 號，24 號。

幸運星期：星期五。

幸運時間：17：00～19：00。

幸運方向（約會方向）：西、南。

幸運場所：社交場合。

誕生石：蛋白石（改運，防災，啟發潛能，解決難題）。

守護石：玉（降低心中的煩擾）。

幸運寶石：蛋白石、玉。

幸運材質：銅。

幸運花卉：天藍羅蘭。

適合服飾：高級彩色、粉色系列及輕軟布質衣飾、藍色碎花洋裝。

流行敏感度：領先流行。

每月最需注意的日期：9 號，18 號，27 號。

適合職業：法律、哲學、評論、科學、物理、音樂、貿易，藝術創作和流行時尚的行業。

適合定情飾品：戒指。

談情說愛的天秤座

♥天秤座的愛情總述

　　天秤座的人，心中有個天平，他常在心中拿捏誰輕誰重；到最後，卻總是把自己也弄糊塗了。不知道這段感情是愛情還是遊戲？他的愛情，總是別人進時，他就退，像是在玩躲貓貓一樣。多給他一點時間吧，他終究能找到平衡點的！天秤座的人，喜歡人群，不愛孤單；終生都追求著心靈的歸宿，一個永遠的避風港。只是他容易把簡單的事正面看又反面看，越看越複雜；對愛情也是如此，表面看來雖溫和、有人緣，跟人相處大方坦然，但是心中的天平卻時時在掂斥稱兩，常使人有忽冷忽熱之感。其實他的掙扎是在考慮，在找有力的證據來支持，以求慎重；一旦他確定，就會毫不猶豫奉行到底。只不過要想得到他的愛，必須很有耐心，別被模棱兩可給嚇跑了！

♥天秤座男子的愛情觀

　　天秤座的男子都有著良好的氣質，先不管他的長相是不是標準的天秤帥臉。很少人能不被他的優雅氣質所吸引，他就像一隻花蝴蝶，穿梭在人與人之間，而且重要的是每個人都喜歡他。他很愛跟人接觸，這使他可以充分地展現出自己的社交風範，但這並不表示他愛熱鬧，他只是把朋友關係看得很重要。如果你真的能吸引他，他也會希望能和你一塊兒溜出人群，但即使如此，他還是一隻花蝴蝶；重點不在他會不會隨便亂採蜜，而是有多少花朵在明暗之間羨

慕你或怨恨你。在感情上，他要常保戀愛的感覺，他的生活、甚至呼吸，他的一切都在愛中。很少會發現天秤座的男子不愛佈置家中的一切。在他的佈置下，家會變得很溫暖，令人感到舒適；這是因為，他隨時可能會在家中來個小小的聚會或社交活動的緣故。他愛人群，也愛當主人，這跟虛榮無關；別忘了他是那隻花蝴蝶，他愛極了這種感覺，因那會令他自覺魅力十足。

♥天秤座女子的愛情觀

　　天秤座的女子是美麗多情的，但是她在理性與感性間的平衡也挺折磨人的。最有趣的是，你常會看到她一個人自己在和自己玩辯論的遊戲，希望你不會加入她的辯論戰中，雖然你會很想發表自己的意見，但在你試過之後就會明白，你不是插不進嘴，就是辯不贏她。她絕不會因為你沒有辯贏她，或是你看起來不夠男子氣概而對你有意見，不過你若是不怎麼好看或是既不怎麼好看又沒什麼氣質，那她可能會盡可能地遠離你。天秤座的守護星是跟「愛」與「美」有關的金星，同時守護神又是希臘愛神維納斯，她的審美觀自然要求很高了。

　　天秤座的女子非常喜歡戀愛的感覺，不管是在婚前或婚後，她都希望能沉浸在愛中，若是沒有，她也會用想像來彌補的。別誤會，她絕對是很忠誠的女子，她只是純想像而已！所以，如果你是個沒什麼生活情趣的人，那你要不就給她精神思考的空間，要不就別找天秤座的女子而去傷她的心。

　　最後就是天秤座無論男女都蠻會花錢的，只是女人恐怕又更明顯一些。當你遇到這個問題時，不妨想想：她是對愛與美有著極度

需求的天秤座,而這些需求中可能大部分還是為了你,那麼她隨興花錢的習性就不會令你難以忍受了。

♥天秤座的愛情配對

最來電的星座:雙子座。配對指數 100 分(天秤座居上風)。

兩人同屬風象星座,本來就很容易看對眼;再者,天秤愛交際,雙子愛社交,所以會來電是非常自然的。

最不協調的星座:雙魚座。配對指數 40 分(天秤座居下風)。

兩個人都是外表溫和柔順的人,但是,容易愛人也容易被人愛,談戀愛時內心常充滿了不安,所以說你們的愛情是很沒有保障的。

工作中的天秤座

■天秤座的 EQ 指數

EQ 指數為 86～94。

天秤溫和的個性就像綿綿白雲，悠悠行過碧藍如洗的晴空，給人爽朗親和的感覺，屬於社交型的天秤座，無論做任何事情，都能受到周圍人的喜愛。因為這個特性，使他成為風象星座中，唯一高EQ 的星座。不過，這並不意味天秤座就能夠擺脫風象星座搖擺不定的特性。相反的，這反倒成為天秤座唯一的致命傷。天秤座的人有著相當明顯的個性，重視和平與和諧，對於爭執的場面寧可早點走開，也不願找個容易引起口舌之戰的人做伴。他喜歡具有藝術性質的工作，雖然，並不是每個天秤座的人都能成為藝術家、畫家或詩人，不過他往往會以一項藝術才能作為嗜好。

■天秤座的工作態度

冷靜沉著的天秤座，做任何事都保持中庸，很重視平衡的感覺，凡事都不會太過度。對於他人的實力，有正確的評價能力，而且還擁有寬容、圓滑的社交手腕，主要魅力是來自平易近人、愛好和平的天性所致。這份友善的態度能讓周遭的氣氛緩和，在不知不覺中，將人的心思引導進入自己的想法中。天生聰穎的天秤座，對於喜歡的工作會朝著目標積極行動，全身充滿鬥志。不但具有高度的智慧，還有敏銳的觀察力，能巧妙地和對方愉快交談。在待人處事方面，沒有種族或社會階級的差別，不管是三教九流、哪一種地

位的人，只要誠心交往都能夠成為好朋友，有很好的機會拓展人際關係。

■天秤座適合的工作

天秤座有與生俱來的優雅與美感，對他來說，美與和諧才是人生最重要的事，所以只要是關於美感的工作，都很適合天秤座去從事，加上他對於流行文化的敏銳度，在服飾和美容方面都會有很好的發展。當然，天秤座也是很有藝術天分的，閒散的藝術家性格也很適合從事藝術創作。除此之外，喜歡和平的天秤座也是一個外交人才，在他講求公平以及和諧的原則下，任何關係都可以保持在良好的互動與瞭解上，所以不論是在外交或者是在公共關係的領域，都是天秤座能夠一展長處的好地方！其他適合他的職業還有演藝界或者模特，在法律、行銷及投資方面，因為天秤座理性謹慎的習慣都可以讓他得到成功。

■天秤座最佳辦公室星座組合

個體性質：賣笑賣藝不賣命，你好我好大家好。

堪稱辦公室裏最愛搞曖昧男女關係的天秤座，他在辦公室裏像一朵花一樣，需要人養，也就是需要有人繞在他身邊，不過可別把他當做花瓶哦，他也是會很努力地工作的。說到天秤座，人緣在12星座中排名第一，雖然他偶爾也現實得可以，不過當你要他幫個人情上的小忙倒也可以，不過他也要有利益哦！

最佳辦公室星座組合：白羊座、雙子座、獅子座、射手座、水瓶座。

■天秤座工作小竅門

天秤座:避免過於懶散。

天秤座對美感的準確把握,以及良好的溝通技巧,可以為他帶來不少的人緣。但是天秤座同時也是一個相對比較懶散的星座,容易睡懶覺,不喜歡收拾屋子,對於工作的態度,往往也是不要影響自己的生活愛好為妙。加班加點更是讓他困擾,但是要相信有得必有失,一分辛勞換取一分收穫。

天秤座的健康與時尚

✚天秤座的健康之道

　　理性又浪漫的天秤座，雖有極佳的人緣及社交活動，在平時生活中不屬於會委屈自己的族群，但外表的光鮮亮麗卻是他常常必須注意的，尤其是看到美麗的事物或中意的東西，都會興起想要擁有的慾望，所以，當時下有些流行的美麗塑身資訊或美容用品，天秤座一族都會躍躍欲試。在減肥健身方法上，不妨先在自己家裏放置一面大鏡子，好好審視自己，就自己的肥胖重點來整治，尤以腰部及神經系統是天秤座必先注意的。睡前搖三十分鐘呼啦圈，在慢節奏的音樂下，極具纖細腰線的強力效用，而多喝水或果汁也是天秤座健康美容必須加強的工作。

✚天秤座的健康狀況

　　天秤座的人習慣平衡而規律的生活，生活中的秩序和安定，是身體健康的一大來源。因此任何擾亂生活的事物，都會造成天秤座人士腎功能的負擔。良好的心理平衡和健美的體魄，是天秤座的人幸福的基石。喜歡甜食和精緻的菜肴，會使天秤座的人發胖；不喜歡運動也會使身體囤積太多的脂肪或使體力減退。天秤座的人，每天務必要飲用大量的水，以保證身體健康。

✚健康減肥大作戰

　　天秤座也屬於星座中的懶人一族，平時最大的樂趣就是吃飽了

睡一覺。天秤座的人天生擁有一個好身體，不過最薄弱的地方就是微循環系統，再加上平時並不注重身體鍛鍊，因此天秤座最大的煩惱就是難看的橘皮組織。

瘦身必殺技：紅酒乳酪瘦身大法

起司和紅酒可產熱，能有效提高代謝率及燃燒脂肪，撫平橘皮組織。另外紅酒還有助於入眠，二者配在一起吃，自然減重效果佳。

✚天秤座飲食禁忌

總體來說，這個星座的人身體都好。天秤座的守護星金星，與皮膚、頭髮、脈絡咽喉頭、腎臟和腰部有著重要關係。天秤座的人以他健康的骨骼而聞名，但是後背的下部是他容易受傷的部位。一旦用力過猛，這一部位就會受傷。另外，他也易患腎病和皮膚病。保持平衡是讓天秤座的人擁有健康的關鍵，無論是飲食的均衡，還是娛樂、工作上的平衡。對天秤座最重要的礦物質是磷酸鈉，可以調節酸和鹼在身體內的平衡，並能趕走體內不需要的廢物。含磷酸鈉的食物有草莓、蘋果、杏仁、蘆筍、豌豆、玉米、菠菜、甜菜、蘿蔔、麥子，蕃茄、胡蘿蔔、葡萄乾、棕色米和燕麥粥。天秤座的人可以食用降低油脂、糖的高蛋白食物，還可以吃烤魚、海鮮、禽類、低脂肪乳酪、優酪乳、新鮮的水果、蔬菜和麵包。多喝水可以清除體內雜物避免生病。天秤座的敏感皮膚是由於缺乏睡眠和服用太多酒精含量高的飲料造成的，因此，儘量避免飲用有損腎臟的高酒精或碳酸飲品。

✚天秤座的時尚寶典

天秤座的人隨和，容易交朋友，富有強烈的好奇心，點子多，可以邊行動邊思考，缺點是三心二意，天秤座的人外表看來沉著穩重，其實內心是充滿熱情的。因此，優雅的裝扮可加入明亮的色彩讓你變得更加迷人。

天秤座的女性身材高挑，常常臉帶笑容，給人柔和、優雅的形象，穿任何款式的衣服都很適合，日常生活以輕鬆舒適為主，即便是隨意自在的搭配，也能襯托妳的特殊氣質，天秤座的女性十分重視外表，會打扮，而且很會把流行融入自己的風格。黃色上衣搭配黑色裙子再穿一雙黃色鞋子，真是醒目而時髦，也能表現妳開朗的個性。妳也適合帥氣的打扮，一件優雅的繡花襯衫，配上熱褲，也能令妳神采飛揚。

適合天秤座的顏色有深藍色、綠色與黃色等，你的打扮可以是優雅又時髦的。深藍色的套裝為基本色，可隨興搭配襯衫，能穿出自我風格。帶點浪漫的優雅印花長裙，搭配素色的襯衫，也十分典雅。記得做優雅打扮時，最好選用明亮一點的顏色，色澤亮麗的黃色襯衫搭配藍色，整款衣服顯得更輕快，流露春天的氣息。天秤座女性天生髮質柔軟，適合容易梳理的短髮；如果是長髮可梳成公主頭，秀麗中帶有民俗風味的飾品都很適合妳。

天秤座有惹人注目的魅力，優雅的風姿會觸動人的心弦，使人對你產生深情和好感。因此，建議妳選擇充滿浪漫感覺的心形飾物，同時搭配夢幻海藍色的彩色妝容。在飾品方面，那些造型新穎，能夠展現妳的藝術氣質的小飾品最能得到妳的芳心。

給天秤座的一些建議

成功需要做的

1. 充分發揮優雅與魅力的自信。

2. 找個真正有興趣的工作。

3. 遇到不喜歡的工作分配也要盡力完成。

4. 與別人共事，態度要認真負責。

5. 培養堅定與果斷的個性。

失敗時要注意的

1. 不在乎別人的想法。

2. 容易因小事而拖延時間。

3. 喜歡以外表來評斷別人。

4. 逃避棘手難纏的工作。

5. 太過理想化，欠缺實際的考量。

給天秤座的愛情建議

天秤座的女性社交圈廣，所以會有很多異性朋友，凡事都要求完美，因而對男朋友的要求也一樣，太多的男朋友也會令妳不知如何選擇。

妳有可能和背景、條件都與妳相反的人談戀愛，有機會麻雀變鳳凰，嫁給外在條件好且家世背景優的對象，就怕妳恃寵而驕，吝於付出妳的真愛。適合結婚的年齡大約在二十四或三十三歲，遇到

條件不錯的對象時，千萬不要舉棋不定而錯失良機。

◁》 用實際工作證明自己

天秤座的人要想使自身的能力獲取他人的認同，關鍵是將積極能幹的形象展示給他人，用自己的工作業績證明自己的才能。天秤座的人決不輕言放棄。他認為業績就是實力。凡是有事業心的上司，都賞識聰明、機靈，有頭腦、有創見的下屬，這樣的人往往能很出色地完成所擔負的工作。天秤座必須明白這樣一個簡單的道理，有了成績，才能表現出自己的才能，有了才能，才可能不斷升遷，任何上司都不願去晉升一個他認為毫無才能的人。所以，天秤座的人如果想得到儘快晉升，「以績顯才，以才升遷」無疑是最根本的一條道路。怎樣才能儘快出成績，這是天秤座的人首先必須解決的問題。

◁》 天秤座的人際交往

天秤座的人經常舉棋不定，為了讓事情做得很完美，天秤座的人會精神緊張，筋疲力盡。即使小小的失敗，也會讓天秤座的人憂心忡忡。他容易活在幻想的世界中，和現實生活的差距過大。他也容易受到別人的影響。由於天秤座的人會因為要配合別人而改變自己的態度，所以常被人認為是愛拍馬屁的人或是不可信賴的人。

◁》 給天秤座的忠告

「左邊加一隻蝴蝶會和右邊那朵花等重嗎？或是你應該再多加一點花粉？」不要說天秤座神經質，就連跟他在一起的人，也會被

感染得很神經質。平常他會壓抑自己真正的感情，但若他已顯出歇斯底里的狀態，則一場風暴就在所難免了。他不愛做決定，卻常擺出正在做某個重要決定的模樣。思前顧後是天秤座的一大特質，他常被自己想出來的一大堆旁枝末節搞得煩躁不堪，到最後，什麼也沒有做好。一群好朋友開開心心地聚在一起，是天秤座最喜歡的娛樂。懂得顧慮別人的感受是他的優點，而不懂得拒絕的藝術，使天秤座的人常吃悶虧。

獻給天秤座的男性的話：「天知道，要用多精細的砝碼才測得出你有多靈敏。」

獻給天秤座的女性的話：「可惜即使是最輕的微風，還是會大大地搖動妳的決心。」

星座小測試

✎ 測試一：各種密碼洩露你的感情弱點

現在社會，處處都少不了密碼。每個人都有密碼，取款不能沒有密碼，手機也有密碼，每天用的電腦更有密碼。忘記了密碼就好像通行證失效，無法行使某些權利。然而這些密碼可是會洩露你的感情特徵哦。你是如何「製造」出你的密碼的呢？

A.生日或自家電話號碼。

B.身份證號碼。

C.三天兩頭視心情而更換。

D.精心設計，誰也猜不出的奇怪組合。

📄 答案解析

A：是很好搞定的愛人，不難追，挑戰性也不強，因為他們心裏在打什麼主意，相處一段時間，就可以掌握到八九分，剩下那一兩分，也是雖不中，亦不遠矣。

B：這類愛人戒心很重，所以建立在二人情感關係上的信任，將是最重要的關鍵。喜歡觀察對方，甚至出些測試來考驗對方，不時考慮雙方的適合程度，如果沒有得到信任，兩人的關係就無法有進一步的突破。

C：連他們自己都不知要的到底是什麼，要對付這種愛人，最好的對策就是以不變應萬變，管他們如何變，反正總有一天又會變回來，而你的不變，就巧妙地創造了安全感。

D：這類人內心較為複雜，想得很多。想要追上他們，最佳的方法是有時要能一針見血；有時即使知道，也要裝傻，總之欲擒故縱就對了。

測試二：從喜愛的鞋子看她有什麼樣的個性

人們常說「婚姻如鞋子」，可見，鞋子對於一個人來說是多麼的重要。觀察一下自己或身為女子的她，喜歡穿什麼樣的鞋子，從而能更好地瞭解自己或她。

A.涼鞋。

B.高跟鞋。

C.運動休閒鞋。

D.短統靴子或長統馬靴。

E.學生樣式、造型簡單的鞋。

F.厚底前衛的鞋或造型特殊的鞋。

答案解析

A：喜歡穿涼鞋的女子對自己相當有自信，喜歡將自己美好的一面表現出來。一般而言她的人緣不錯，朋友也不少，對異性也很有興趣。不過有時會對男友要求較多，希望對方意見與自己一樣，而且個性頗為固執，不易說服。如果要當她的男友，可能要有耐心及多替她著想。

B：喜歡穿高跟鞋的女子，個性成熟大方，喜歡思考，頭腦聰明。在生活及工作上都相當盡責與努力，對周圍的人事物要求會比較高，但是因為想要的東西太多，有時會因為無法滿足而脾氣不

佳。一般來說，這樣的女子比較適合坦誠相對，如果你想要追求她，就大方地對她好，關心她，如果她覺得你是一個值得交往的對象，通常她不會故意擺架子刁難你。

C：喜歡穿運動休閒鞋的女子，表面上看來大而化之，容易相處，但是她非常會保護自己，警覺心很強。外表好像很容易和男生打成一片，其實她們都把這些男生當成同性朋友一般，反而對於心裏喜歡的那一位，會保持距離，敬而遠之。一般朋友比較難看出她的心事，在堅強的防衛之下，其實她有非常脆弱的情感。

D：喜歡穿短筒靴子或長筒馬靴的女子，愛好自由，個性獨立，不喜歡受拘束，勇於表現自己。一般來說，這種女子不是外表出眾，就是相當聰明、有能力，容易成為異性傾慕的對象。雖然看起來好像不難親近，但是要成為她的男友，必須具備某種才華，並且瞭解她，才能贏得她的芳心。

E：喜歡穿學生樣式、造型簡單鞋子的女子，個性單純敏感，家庭教育嚴謹，容易壓抑自己的情感。一般來說，爸媽可能管得比較緊，或是學校、工作場所風氣較為保守，所以平時言行比較內斂，但是這樣的女子其實內心會想嘗試一些冒險的經歷，要小心旅行時容易受騙。

F：喜歡穿厚底鞋或造型特殊鞋子的女子，注意時尚並且追逐流行，喜歡成為大家注目的焦點，外表看來作風大膽，其實內心相當保守。她可能對自己本身不具備足夠的信心，所以會希望成為流行的一分子，讓別人也注意到她的存在。想要追求她的人，必須多多肯定她的優點，給予鼓勵，會讓她更加有自信。

Scorpio

CHAPTER 9

神秘色彩的天蠍座

天蠍座（10/23~11/21）

出生於深秋季節，喜歡安靜清幽的環
境。他敢愛敢恨，輕視一切名利之
物，但卻擁有成名得利的天賦。他偏
重於靈與肉的完美結合。直覺非常敏
銳而且準確，行動既瀟灑又獨特，他
的這種性格，常常令徒有虛表之人嫉
憤不已。

 ## 靜默孤僻的天蠍座

★天蠍座起源的美麗傳說

　　世上原本是沒有沙漠的，沒有沙漠也沒有琥珀。太陽神的宮殿，用華麗的圓柱支撐著，鑲著閃亮的黃金和璀璨的寶石，飛簷嵌著雪白的象牙，兩扇銀質的大門上雕著美麗的花紋，記載著人間無數美好而又古老的傳說。太陽神阿波羅的兒子法厄同，女兒赫莉就居住在這個美麗的宮殿裏。法厄同天生美麗性感，衝動自負；妹妹赫莉溫柔善良，卻沒能得到父親的恩賜，不能擁有一張像太陽神那樣美麗的面孔，這使得她很無奈，因為她深深愛著的是法厄同。同樣喜歡法厄同的還有絕美的水泉女神娜伊。

　　日復一日，年復一年，在無盡的相思與失望之中，赫莉漸漸變得憂鬱而敏感，自負的法厄同並不理解她，依舊與娜伊成雙成對地出現在赫莉面前。每當赫莉有所表示，法厄同總是以他們是同一個父親為由將赫莉拒之門外。赫莉再也無法忍受他的絕情和冷漠，終於，一個無知的謊言在她的腦海中誕生了。有一天，她找到法厄同，對他說：「親愛的哥哥，我不能再隱瞞你了，雖然她是我們的母親，我本不該嘲笑她什麼，但我不得不告訴你，你並非天國的子孫，而是克呂墨涅，也就是我們親愛的母親，和一個不知名的凡人所生。」衝動的法厄同輕易地相信了一向不說謊的妹妹，跑到父親阿波羅那裏問個究竟。但是無論阿波羅怎樣再三保證，他就是不相信自己是父親的親生兒子。最後，太陽神無奈，指著冥河起誓，為了證明法厄同是自己的兒子，無論他要什麼，他都會答應。然而，

法厄同選擇的，卻是太陽神萬萬沒有料到的太陽車！要知道法厄同根本不會駕駛太陽車，如果不按照規定的航線行走，那必將釀成大禍。可是，自負的兒子完全聽不進勸告，跳上太陽車，衝出了時間的兩扇大門。

星星一顆顆隱沒了，金色的太陽車，長著雙翼的飛馬，無盡的天空，魔鬼一樣的幻象……法厄同根本控制不了太陽車，任由它在時空裏毀滅性地穿梭。草原乾枯了，森林起火了，莊稼燒毀了，湖泊變成了沙漠！地上的人們不是凍死就是熱死，天昏地暗，人世間充斥了無數的怨氣。赫莉眼睜睜看著慘劇的發生，知道這一切都是自己的錯，她無奈地歎著氣，狠心地放出一隻毒蠍，咬住了法厄同的腳踝，眾神這才趁機阻止他，但是一切都為時太晚了，燃燒著的法厄同和太陽車一起從天空墜落到廣闊的埃利達努斯河裏。水泉女神娜伊含淚將他埋葬；而赫莉絕望地痛哭了四個月，最後變成了一棵白楊樹，她的眼淚變成了晶瑩的琥珀。宙斯為了警示人類自負的弱點，以那隻立了大功的蠍子命名了一個星座，叫天蠍座。

★天蠍座的性格特點

這一星座的人對互不相同的和互不相融的事物，有著特殊的興趣。善於利用自己性格反差較大的特點。他是一個喜歡探究事物的真相並加以區別的人。在蕭瑟的秋風中降生到這一星座的人粗獷而倔強，他緊張的生活節奏會使接近他的人感到迷惘。他的愛情心理常常充滿矛盾。感情上的背叛對他是絕對不能忍受的，而且會使他對愛情產生與原來相對立的看法。他有一雙極其敏銳的眼睛，能洞察人的弱點和機遇的利弊。另外，他的神秘性、選擇性、好鬥性、

狂熱性和不妥協精神，也常常給人們留下深刻的印象。無法擺脫的煩惱常常糾纏著他，使他感到精疲力竭。強烈，是天蠍座的人的突出性格表現。巨大的耐力使他敢於迎接艱難險阻，並能征服之。無論生活中還是情感方面的錯綜複雜的問題，非但不會使他厭煩，相反還會給他的生活增添樂趣。

天蠍座的人由於不願把對方拱手讓人，可能會相識不久就結婚。他雖然猜忌、謹慎，但也會被禮物感動。天蠍座會對唯一的情人鍾愛不渝。多年深愛一個人是天蠍座的特徵，而且很珍惜與對方親密相處的時光。甜蜜型的人符合天蠍座的期望，一直對天蠍座的人充滿溫柔、想和天蠍座的人黏在一起的情人，才能與他們長相廝守。

★天蠍座的優點和缺點

優點：深謀遠慮，恩怨分明，直覺敏銳，對決定的事有執行力，不畏挫折，堅持到底，對朋友講義氣，天生的性感魅力，堅持追求事情的真相，善於保守秘密，對人生有潛在的熱情。

缺點：太過好強，佔有慾過高，善妒，愛吃醋，疑心病重，報復心太強，得理不饒人，感情用事，明知故犯，口是心非，城府太深，愛恨的感覺太強烈。

★天蠍座的處世方針

在 12 星座中，天蠍座可說是最具神秘色彩的星座，不論男女都流露出不可抗拒的迷人魅力，很想瞭解他們又怕受到傷害。由於天生有敏銳的觀察力，變得容易防備別人，但應該注意不要太過

火，以免被誤會心懷不軌、胡思亂想或防衛心過重。雖然擁有天生的驚人力量及堅韌的毅力，但適可而止不可太狂妄，以免變成一個愛報復、死心眼的人。擁有堅強的毅力與沉著冷靜的個性，雖然不敏銳，但好奇心很強，能把逆境轉為順境。外表雖然看起來忠厚老實，其實內心隱藏著激情，這正是天蠍座的基本性格。喜歡觀察的天蠍座，學習慾望強烈，但是反抗心也強，容易做出衝動的舉止。不過天生具有堅韌不拔的耐力，對於下定決心的事就不會輕言改變，可以面對目標積極行動，一直努力達成願望。

★天蠍座的幸運寶典

守護星：冥王星（象徵著轉變）。

守護神：地獄之王普爾德。

幸運數字：9。

幸運日期：10 號，20 號，30 號。

幸運星期：星期二。

幸運時間：1：00～2：00。

幸運方向（約會方向）：西南西、南南東。

幸運場所：近水處。

誕生石：黃玉（改運，防災，化解難題）。

守護石：紅寶石（降低心中的煩擾）。

幸運寶石：紅榴石、血石。

幸運材質：鋼。

幸運花卉：金銀花。

適合服飾：深色調、線條簡單、材料好、乾淨合身的裝扮。

流行敏感度：敏銳保守型。

每月最需注意的日期：7 號，11 號，23 號。

適合職業：醫學、宗教、藝術，科學研究及破產處理專家。

適合定情飾品：項鍊。

談情說愛的天蠍座

♥天蠍座的愛情總述

　　天蠍座的人對你有多少愛情，就有多少性慾；他有多麼想佔有你，就有多麼為你節制他的情感。他的確是一個愛恨分明、性格激烈的人。愛上你，他便義無反顧，奉獻熱情與百分之百的忠誠，他也會犧牲自我的享受，淋漓盡致地把瘋狂與愛情緊密結合。他處處為你設想，時時提著一顆護衛你的心，以你的快樂為他的快樂。但是，天蠍座的人不願輕易將自己的情人曝光。也不為什麼，他就是不願意。這跟他的情人見不見得了人沒關係，直到已經論及婚嫁，才會把情人介紹給親朋好友。忠實與完全的愛，是天蠍座的人最在乎的。他受不了背叛，自己也極少有背叛別人的事蹟。一旦背叛了他，等於抹殺了他所有的忠誠、愛、奉獻和犧牲，這樣會激怒他，逼他走上復仇的道路。

♥天蠍座男子的愛情觀

　　天蠍座的男子是個強者，不管他看來是不是很兇悍的樣子。你絕不可只以他的外表來看這個男人，他內心的強悍絕對是你前所未見的。你很難再看到這樣的男子了，他是那麼的有自信、冷靜，雖然他仍舊是熱情的，不過這點卻很少人能夠看得出來！更沒有多少人知道他是多麼的渴望愛情，就像是在撒哈拉沙漠上渴望水一般。他的火氣很大，佔有慾讓人受不了，他的眼睛更揉不進半粒沙子。別指示他應該要做什麼，要用暗示的，他可不受你隨意的支配。要

記住，千萬別傷了他的心，雖然他很堅強，但他卻很敏感；他還是一個有破壞力的「復仇者」呢！

♥天蠍座女子的愛情觀

天蠍座的女子是具有危險性的，但偏偏就是有些不畏生死的男人想去招惹她。天蠍座女子的愛具有毀滅性，不過你若知道要如何遊走在毀滅與重生之間的秘密的話，那就準備讓所有想得到天蠍座女子的愛，卻又無法如願的男人來忌妒你吧！那是件極具挑戰性的榮耀。如果你非常害怕天蠍座女子強烈的熱情會使你受傷，那你最好還是快點離開，別被後頭其他等著衝上來的男子給踩傷了。雖然天蠍座的女子從外表看不出她的熱情，或是看不到她內心真正的熱情，但她絕對具有真正的熱情。她一直在找尋真正的男人，男人應該是要當家的，雖然她可以做許多男人的工作，甚至做得比男人好，但她仍舊希望能被保護。「懷疑」是她生活中不可能缺少的，她有著強烈的佔有慾，她想要知道你的一舉一動，好使她自己放心。所以，跟她一塊兒生活，最好不要留下任何不良記錄，否則她就更有懷疑你的理由了。另外，千萬不要心存戲弄，她的復仇心態可是在 12 星座中數得著的。

♥天蠍座的愛情配對

最來電的星座：巨蟹座。配對指數 100 分（天蠍座居上風）。

兩人都是水象星座，敏銳、感性，個性及思想都很接近。獨佔慾、支配慾都很強的天蠍座，碰上愛以大鉗子鉗住人的巨蟹座，兩人在這方面溝通一下，戀愛應該會談得很順。

最不協調的星座：白羊座。配對指數 40 分（天蠍座居下風）。

天蠍座的人一向是外冷內熱，但白羊座卻如孩子般直言不諱，因此兩個人相處起來有些費力。

工作中的天蠍座

■天蠍座的 EQ 指數

EQ 指數為 80～90。

天蠍座受到代表戰神的火星及象徵冥王之府的冥王星支配，可憐的天蠍座總是被視為黃道中最居心不良，甚至心狠手辣的星座。事實上，這並不公平，天蠍的內心潛藏著對朋友忠誠、同甘共苦的善心。當然，他的「朋友」，是有選擇性的。天蠍座是 12 星座中本能與直覺力最強的星座，「無友不如己者」，恐怕是許多天蠍座奉為圭臬的一句話，想要成為天蠍座的朋友，可得要好好加強自己的能力哦！

■天蠍座的工作態度

大部分天蠍座的人都擁有超感應的能力，對於宗教、醫學、神學、藝術、運動方面都會有很大的貢獻，同時也很喜歡探究未來宇宙的奧秘。在情感上比較多愁善感，容易受外界的影響。由於感性中帶有強烈的第六感，做任何事比較依賴靈感行事，常會變得頑固。沉著穩定、誠實，不善與人交際的天蠍座，具有強烈的責任感，而堅韌的意志很少能被動搖，可是過於沉默寡言或保護自己，會讓人誤解為老謀深算，使人不得不與他保持距離，為了改正這個觀念，對於別人給予的讚美或建議應該虛心接受，試著讓自己變得開朗、樂觀，並且跟人群接觸。

■天蠍座適合的工作

　　天蠍座是一個和金融或投資有關的星座，他對於這些事物有著特殊的直覺和天分，很適合在瞬息萬變的金融市場中做一些判斷和決策性的工作。此外天蠍座對於保險業也有很深刻的認識，在規劃上更是一等一的能手，也很容易從事這方面的工作。也有不少天蠍座會從事醫生、心理學家等職業，因為他相當地瞭解人性，再加上天生的專注與洞察力，會使他在這些方面得到很大的成功。除了這些以外，適合天蠍座的工作還有命理師、偵探、調查人員，等等，因為這些行業的隱秘性以及其中包含的刺激與挑戰性，完全合乎天蠍座的胃口，所以也有不少的天蠍座會選擇從事這些方面的工作。

■天蠍座最佳辦公室星座組合

　　個體性質：很有個性，在辦公室內沒有人能與之爭鋒。

　　把辦公室當戰場，把自己當武器的天蠍座，冷靜、沉著是他表面的樣子——實際上也是，他總是各行各業中的小奇葩，為什麼說「小」奇葩呢？這跟他的性格有很大的關係。他也許是精英，是棟樑，但是脾氣個性上都顯示出他有領域性的看法，所以他適合獨立作業，也適合有利益的合作關係。對於自己，他永遠覺得是最好的。

　　最佳辦公室星座組合：金牛座、巨蟹座、處女座、摩羯座、雙魚座。

■天蠍座工作小竅門

　　天蠍座：避免盲目樹敵。

　　天蠍座睿智而富有洞察力，善於捕捉稍縱即逝的商機。但是天蠍座同時也是多疑善妒的人，有時別人一個簡單的做法，就能讓他思考很多天其背後的含義。而一旦視某個人為敵人，則更是不惜一切代價報復，甚至不惜同歸於盡。這種不理智的行為，真的是有害無益。在職場上，學會寬容一點，大度一點，當然更好。

天蠍座的健康與時尚

✚天蠍座的健康之道

　　天蠍座位於人體的生殖器，也因此常被人誤為有縱情聲色之嫌。其實，天蠍座的人尚有多種其他面貌。天蠍座在許多方面可以算是最強勢的星座，具有驚人的活力和能量。讓自己的心靈滿足，體能維持在最佳狀態下，這是天蠍座在生活上必須努力的兩個方向，應該尋求適當的途徑抒發自己的活力。

　　性格安靜，具有深度而成熟的天蠍座，個性正直，討厭迂迴不正、受束縛的事物。精神、體力上十分充沛，適合進行各項運動。塑身運動上喜歡和人結伴來做，實踐力便會十分明顯，在固定的運動上可以採取跳韻律舞、打網球，或是上健身房與同好者做運動，在愉快氣氛下來達到健康美的效果。在飲食上，因天蠍座在循環神經系統上較弱一點，不妨吃一些較為清淡的食物。另外，像每天入睡之前，取一茶匙的蜂蜜用溫水攪拌飲用，具有安定腦部、舒緩神經的功效，可以改善失眠，亦可以達到美容養顏的雙重妙用。

✚天蠍座的健康狀況

　　天蠍座在性方面有過人的精力，但是一旦受到挫折或壓抑，就會作不正當的發洩，如果有濫交的傾向出現，還有可能造成疾病。天蠍座患的疾病，和喉嚨、鼻骨、心臟、背部和性器官有關。在飲食習慣上，天蠍座經常過量地食用肉類與辛香調味料，因此在體內累積了無數毒素。如果有飲酒和吸煙的習慣，就會很快地將身體弄

埡。因此調適生活，過著簡樸單純和節制慾望的日子，是邁向健康的一個大方向。

✚健康減肥大作戰

天蠍座是完美主義者，他想減肥並不是因為真的胖，而是想讓自己體態更棒。所以天蠍座的人除了經常做運動保持身材以外，經常做按摩也很不錯，從飲食上調整多吃些能讓血液循環加快的食物就會達到很好的效果。

瘦身必殺技：黑醋瘦身法

每天早上喝一杯黑醋，可以加快人體的新陳代謝，還容易達到瘦身的目的，能夠幫助愛美的天蠍座保持美麗的身材，但是需要注意的是，黑醋味道很酸，所以要用開水稀釋後飲用。

注意事項：有胃病人士不宜食用，以免酸性令胃部不適。

✚天蠍座飲食禁忌

天蠍座的人喜歡炫耀他的能量和想像力，他的生殖器官容易感染或出問題。像陰道炎引起的皮膚病、尿道的膀胱炎和因性生活而感染的病症都是天蠍座的致命傷。另外天蠍座強烈的忌妒心也會給他的身心帶來傷害。天蠍座受冥王星控制，它與細胞和身體的再生作用有很大關係，因此天蠍座的性再生能力也很強。概括來說，天蠍座的人有強壯的身體並且恢復能力強。一直有這樣一種說法，天蠍座是年輕的時候看起來老，而在年老的時候看起來年輕的那類人。硫酸鈣是對天蠍座有重要影響的物質，它在抵抗傳染病上起著重要的作用。鼻子、嘴、喉嚨、食道和小腸等器官都需要這礦物來

維持健康。

　　富含硫酸鈣的食物包括蘆筍、花椰菜、蘿蔔、蔥、番茄、無花果、黑櫻桃和椰子，還有牛奶、乳酪、優酪乳和優酪乳乾酪。天蠍座的飲食裏最好有高蛋白、新鮮的水果、蔬菜和麵包。像魚和海鮮、蔬菜沙拉、甜菜、扁豆、杏仁、核桃、柑橘、蘋果、香蕉和鳳梨都是不錯的選擇哦。天蠍座的人不應該吃大餐，而且晚上要少吃。瓶裝的礦泉水比自來水更適合天蠍座的人飲用。貪杯則是他在飲食上最大的毛病。所有的 12 星座裏，酒精對天蠍座的氣色和皮膚影響最大。

✚天蠍座的時尚寶典

　　天蠍座的 MM 始終有著自己的主見，天生就具有吸引力的她，懂得如何引發人們的好奇心，從而展現自己讓人捉摸不透的神秘魅力。一旦你跌入天蠍座 MM 的魅力旋渦，必將無法自拔，她的細緻敏銳的洞察力會從內心將你緊緊抓住。

　　白色褶皺面料的短裙和白色花朵的修飾包圍著腰間和肩帶，有一種淡雅的神秘，優雅的體態將性感的美解釋得恰到好處，安靜的眼神中同樣具有莫名的挑逗力。天蠍座的 MM 天生有一種神秘感，白色在這裏的解釋卻並非單純，而是神聖，有一種讓人不可正視的美，卻又勾起人們強烈的好奇心。

　　純黑色絲質順滑的長裙展現著完美的身體曲線，高聳的髮髻，微敞的領口，晶瑩的琥珀，腰間遊動的絲帶，優雅的氣質和冷峻的眼神將這一切昇華。如此打扮的她儼然一隻「蠍子精」，讓你想不被吸引都難。黑色無疑是天蠍座的最愛，沒有比黑色更能體現性感

和神秘的了，不管是黑色長裙、長褲或 T 恤，再加上適當的金屬裝飾，相信都會有好的效果。

不管是眉頭微蹙還是輕顰淺笑，都能在第一時間抓住你的視線。色彩斑斕的長衫顯示出內心的複雜和細膩，透明的絲質面料又將這一切蒙上一層神秘的面紗；而性感貼身的長褲更透露出讓你無法抵擋的誘惑。身材是展示魅力的關鍵，怎樣把好的身材更好地詮釋出來，讓人有著探尋的慾望，就要在穿著上好好下一番工夫了。

天蠍座的 MM 能夠經受生活不幸的洗禮和考驗，魅力會幫助她在人生道路上暢通無阻地前進。因此，富有激情的紅色應該成為天蠍座 MM 的首選，紅色的寶石項鍊和絢麗的眼影會為生活增添更多的活力！那些設計獨特，有豐富內涵和個性的飾物更會吸引天蠍座 MM 的目光。

給天蠍座的一些建議

📢 成功需要做的

1. 發揮控制場面的能力。
2. 加強社交能力及保持愉快心情。
3. 適當地發洩壓抑的情緒。
4. 多尊重上司與同事的意見。
5. 善加利用神秘的超感應力。

📢 失敗時要注意的

1. 對權力的慾望過於強烈。
2. 工作時具有野心。
3. 與同事相處不和諧。
4. 具有報復的心理。
5. 容易產生猜疑與忌妒

📢 給天蠍座的愛情建議

意志力堅強的天蠍座，對感情相當專注，相對的佔有慾及忌妒心也超強。在找尋伴侶的過程中，天蠍座的人必須花很多時間確認對方是否真的屬於自己，一旦感情穩定了，就會展現深情的一面，整個人也會沉浸在愛情的喜悅裏。

你的感情發展及變化是很極端的，你的深情會展現出迷人的魅力，但要稍稍控制強烈的佔有慾和忌妒心，否則愛人很快會被你嚇

跑的。

持之以恆是天蠍座最需要的

天蠍座人在向理想目標挺進的過程中，難免會遇到各種阻力和重重困難，在這種情況下，持之以恆則是最難能可貴的。天蠍座的人在 12 星座中是最具有這一特質的星座。所謂「持之以恆」，是做自己命運主宰時，不朝秦暮楚，不被眼前的困難嚇倒，不半途而廢，不淺嘗輒止，不功虧一簣。生命就是一場馬拉松競賽，最大的敵人不是別人，而是自己，天蠍座的人在向事業邁進的旅程中，唯有依靠持之不移的恆心，持續不斷的毅力，才能成為一個真正的成功者。假使在途中遇上了麻煩或阻礙，天蠍座人就去面對它、解決它，然後再繼續前進，這樣問題才不會越積越多。時間能消除許多問題，只需堅持到底，一個一個來，不要操之過急，也不要全都放棄，天蠍座的人便會有回報的。

天蠍座的人際交往

天蠍座的人從不接受任何失敗，如果遭到了挫折，將會產生強烈的心理變態反應，然後他會從零開始，憑著頑強的意志和堅韌不拔的精神，重新奔向成功。天蠍座的人喜歡戲劇性的場面，會不時地在前進的道路上導演一幕。人們最好不要成為天蠍座的人前進道路上的障礙。天蠍座的人是一個危險的競爭者和一個可怕的對手，將永遠不會忘記失敗的教訓和自己所受到的傷害。

天蠍座的人需要經常不斷地處於忙碌之中。喜歡親自動手去做；喜歡改善自己的工作和生活環境；喜歡更新自己的想法，而不

喜歡無所事事和庸庸碌碌的生活，那會使天蠍座的人喪失生機和活力。

📢 給天蠍座的忠告

「蝗蟲想躲在灌木叢裏，卻不知其實早已暴露了自己的行蹤。」天蠍座是一個愛恨分明、性格激烈的人。他自尊心強，忍受不了別人對他的忽視，在一個新環境裏，他看來十分沉默，但仍會讓人感到他的蓄勢待發，隱約覺得他具有出奇制勝的攻擊性，讓人覺得有壓迫感。思考與實踐能力俱佳的天蠍座，不容易相信別人，事必躬親，所以，即便出了錯，也會由他一人扛起責任。

獻給天蠍座的男生的話：「除非親身一試，否則她無法想像你有多愛她。」

獻給天蠍座的女生的話：「妳的愛真的很深很深，但有時會把人膩得透不過氣來。」

星座小測試

✎ 測試一：從你喜歡的小動物看你的愛情觀

很多小動物都非常可愛，你最喜歡哪一種小動物呢？從你對小動物的喜歡就可以看出你的愛情觀呢！不信？就看看下面的測試吧！

以下小動物，如果作為寵物，你最喜歡哪一種？

A.小兔子

B.小狗

C.小豬

D.小猴子

🖺 結果分析

A：你心思細密，溫柔體貼，是一個極具柔和氣質的人。你嚮往溫柔浪漫的愛情，但生性內斂，在愛的表達上非常含蓄，常會令人產生錯覺，很容易讓人會錯意。即使有喜歡的對象也會把愛意隱藏，不輕易表現出來。如此，你很容易為愛而默默付出、犧牲，也很容易吸引異性的目光，但你也很容易壓抑自己。這可不好，其實，你有著豐富的情感，何不把它釋放出來，真正享受羅曼蒂克呢？

B：你生性淳樸正直，待人真誠友善，讓人極有安全感。在愛情方面較為保守，喜歡順其自然，不會刻意追求。其實，你是一個很容易被感動的人，只要對方稍微關心你，你就會一點點地沉醉，

覺得那是無比幸福的事，也是一種愛，就這麼簡單而快樂著。但你不太善於表達，少了點浪漫因數。你可以主動一些，有意識地培養生活情趣，這對你很有益。不過，你對愛人十分忠心，一旦愛上，就會全身心地付出，永不變心。

C：你率真慷慨，而且天真爛漫，與你相處會覺得很愉快，沒有壓力。你憧憬著美好、浪漫的愛情，在心裏編織著很美很美的夢，常常一個人想著想著就會美滋滋地笑起來。不過，在愛情面前，你又會顯得自卑，沒有信心，心裏總覺得自己不如對方。雖然感情豐富，但你對愛情不太容易表現出來。你生性樂觀也就容易受到傷害，但你沒有一絲抱怨，還很願意與對方成為好朋友。其實你很出色，自信大膽地表達情感，愛情並不遙遠。

D：你活潑好動，極富機智，而且還是個交際高手。在你身旁總是圍繞著一群又一群的追求者，很容易成為群體中最亮的那顆星。你喜歡沉浸在愛情的甜蜜當中，但你嚮往自由，討厭受到束縛。即使喜歡對方，也不會一門心思放在對方身上，一旦對方要你許下諾言，你就會逃之夭夭。你常常把戀愛當做玩樂，似乎總在更換著戀人。即使婚後，也不願過著單調的生活，喜歡尋找刺激。隨心所欲固然是好，但真愛需要誠實以對，真心真意愛情才會持久。要知道情趣生活是可以創造的，愛情生活需要用心經營哦。

✎ 測試二：婚後你是否會成為「受氣包」

婚姻中不是雙贏就是雙輸，不過在輸贏之間還是會有一個人在默默地當「受氣包」！

假如，當你回家的時候，驚訝地看到另一半正在翻跟鬥，你的

第一個直覺反應會是什麼？

A.怎麼了？你還好吧？

B.哇！怎麼這麼厲害！

C.神經病！你在幹什麼？

📄 答案解析

A：在感情的世界上，你會為了愛，甘心當「受氣包」被蹂躪。

你天生就是個「受氣包」：這類型的人只要愛上對方，就會無止境地忍受另一半，不管對方怎麼說他或做什麼事情惹得他不開心，他還是會忍耐下來，他覺得可以跟對方在一起其實就是個緣分，要好好珍惜。

B：你會為了讓另一半在外人面前有面子，偶爾吃虧忍耐當「受氣包」。

你偶爾會當「受氣包」：這類型的人在感情中會覺得要在外人面前給另一半面子，表現自己很有風度，很有修養，也會讓另一半很開心，很有面子，不過這就是他的聰明之處，因為回家之後，另一半會對他更好，是一個真正懂得經營感情的人。

C：你常常惹對方生氣，讓另一半當「受氣包」而不自知。

對方才是你的「受氣包」：這類型的人很直，沒什麼心眼，而且有大男人或大女人主義的傾向，他覺得他是在教導對方，覺得自己講得非常有道理，可是對方會覺得非常委屈，覺得自己這麼努力了，還沒有達到對方的標準。

CHAPTER *10*

自由豪放的射手座

射手座（11/22~12/21）

注重精神生活，喜好哲學性的思想，熱衷於遠在個人之上的全人類福祉及世界性的進步，但是容易流於鬆散的樂觀主義。大膽而富有冒險精神，熱愛自由，無論在何種環境下都希望保持精神與行動上的獨立。

★射手座起源的美麗傳說

在遙遠的古希臘大草原中，馳騁著一批半人半馬的族群，這是一個生性兇猛的族群。「半人半馬」代表著理性與非理性、人性與獸性間的矛盾掙扎，這就是人馬部落。部落裏唯一的例外射手奇倫，是一個生性善良的男子，他對人坦誠真摯，謙遜有禮，因此受到大家的尊敬與愛戴。

有一天，英雄赫五力來拜訪他的朋友奇倫。赫五力早就聽說人馬族的酒香醇無比，便要求奇倫給他拿來享用，可是，他喝光了奇倫的酒仍不盡興，執意要喝光全部落的酒。奇倫非常耐心地解釋給他聽，酒是部落的公共財產，不是任何一個人可以獨自佔有的，希望赫五力不要因為一時的興致而犯眾怒。赫五力向來脾氣暴躁，怎麼能聽得進奇倫的話，他把這個善良的朋友推到一邊，就闖進了人馬部落。果不出奇倫所料，暴躁的赫五力和兇猛的人馬族碰在一起，衝突不可避免地發生了。

赫五力力大無窮，幼年即用雙手扼死巨蟒，他完成國王的十項不可能完成的任務都遊刃有餘，連太陽神阿波羅都懼他三分，人馬族雖然厲害，也並不是赫五力的對手，他們紛紛落逃。赫五力手持神弓緊緊追趕，借著酒勁，大肆進攻。人馬族被逼得走投無路，只好逃到了奇倫的家中。人們惶惶不安，赫五力站在門口大聲呵斥，如果再沒人出來，他就把這個部落毀掉。奇倫聽到這裏，為了部落，為了朋友，為了化解這場爭鬥，他奮不顧身地推開門，走了出

來。就在那一剎那，赫五力的箭也飛了過來！赫五力惋惜又痛心地看著自己的朋友被神箭射穿心臟，而奇倫則用盡最後的力氣說道：「再鋒利的箭也會被軟弱的心包容；再瘋狂的獸性也不會泯滅人性。」

這時，奇倫的身體碎成了無數的小星星，飛到了天上，它們聚集在一起，好像人馬的樣子，那支箭還似乎就在他的胸前。為了紀念善良的奇倫，人們就管這個星座叫射手座。

★射手座的性格特點

這個星座出生的人崇尚自由、無拘無束及追求速度的感覺，生性樂觀、熱情，是個享樂主義派。射手座的守護神是希臘神話中的宙斯——宇宙的主宰和全知全能的眾神之王。所以是個神聖的完美主義者，有陽剛的氣息、寬大體貼的精神，重視公理與正義的伸張。射手座的人是忠心的，愛國的，守法的，大方而無拘無束，精力充沛，好爭論，脾氣急躁，對權位有野心，對受磨難及壓迫的人有慈悲的心腸。在性格方面，是誠實、真心、坦白和值得信任的。在脾氣方面，對自己的朋友是仁慈大方的，在許多事情上都很圓滑，很懂得外交手腕。

愛冒險的射手座，不喜愛生活秩序遭到破壞。自由豪放、熱情洋溢的射手座，對自認為正確的事會全力以赴，且此時最感幸福，所以不能全力以赴的人不夠資格做射手座的情人。冒險心旺盛，對生活、戀愛都充滿熱情的活力型的人是射手座理想的選擇。

★射手座的優點和缺點

優點：天生樂觀，對人生充滿理想，正直坦率，豐富的幽默感，酷愛和平，待人友善，行動力強，有自己的處世哲學，經得起打擊，有救世救人的熱情。

缺點：粗心大意，心直口快，容易得罪人，缺乏耐性，不懂人情世故，做事衝動，不懂三思而行，不信邪，不聽勸告，過度理想化，不切實際，缺乏按部就班的計畫，喜怒太形於色。

★射手座的處世方針

射手座的人熱心，很講義氣，處處為朋友著想，非常外向，很快能交到新朋友，由於充滿愛心，所以有數不盡的朋友。

射手座的人對事物的瞭解能力很強，喜歡嘗試新的及多變化的東西，一旦找到自己感興趣的事，就會像射出去的箭一般，迅速又有活力地全心投入，即使遭到強大的阻撓，也不會輕易妥協，是個在任何情況下，都不會失去夢想與希望的信心者。喜歡追，卻不喜歡被追逐的射手座，他一貫的風格就是討厭束縛、喜歡自由奔放的生活方式。在感情上，射手座的人有著令人無法抗拒的魅力，不論是在少年或中年時期，永遠都是異性追求的目標。由於心中想到什麼就說什麼，率直的個性很容易傷到別人而自己卻不知道，在人際關係上會常與人起衝突。

★射手座的幸運寶典

守護星：木星（象徵智慧及變數）。

守護神：眾神之王宙斯。

幸運數字：10。

幸運日期：3 號，12 號，30 號。

幸運星期：星期四。

幸運時間：3：00～5：00。

幸運方向（約會方向）：南南西、東南東。

幸運場所：戶外。

誕生石：土耳其玉（改運，避邪，防止意外災難）。

守護石：紫水晶（降低心中的煩擾）。

幸運寶石：土耳其玉、紫水晶。

幸運材質：錫。

幸運花卉：康乃馨、水仙。

適合服飾：休閒式、活潑明亮的便裝或運動裝。

流行敏感度：流行敏感型。

每月最需注意的日期：6 號，15 號，24 號。

適合業：法律、醫學、哲學、語文、廣告、行銷、國際貿易、公共關係、買賣經紀人或大眾傳播等相關行業。

適合定情飾品：手鍊。

 談情說愛的射手座

♥射手座的愛情總述

射手座的人,凡事樂觀豁達,個性爽朗大方、喜歡旅遊,但常因太過正直誠實,沒有考慮到後果,不受任何人控制,鑽戒、婚約、恐嚇都沒用。除非他心甘情願,不然你是拴不住這樣的人的。射手座的情人很奇怪,如果讓他來喜歡你,他會不惜一切地追求你、倒貼你,就算你不綁他,他也甘心黏在你身邊。因此當你有一種越來越約束不了他的感覺時,十之八九是射手座情人對你的感覺已轉淡,正逐漸遠離你的愛情勢力範圍,到了那種地步,似乎只有認命的份兒。不過到底要怎麼樣,才能讓他永遠都不會想逃?道理其實很簡單,就是他花心、你表現得比他更花心。一旦你不想去抓住他,他自己就會貼過來了。總而言之,追得越快、拴得越緊,射手座的情人通常跑得越快。射手座討厭沒有自由空間和不信任地問東問西,但是當他問你什麼的時候,如果你的回答有所保留,他最不喜歡。扭捏、放不開的人,會令他倒盡胃口,習慣直來直往的射手座情人,最受不了迂迴的交流溝通方式。擺臭架子、自以為是或亂發小姐脾氣,都會令他快馬加鞭地離開你。

♥射手座男子的愛情觀

很多人覺得射手座的男子像是個童子軍,但是,他除了會助人之外,也充滿了危險。射手座的人都愛冒險,他尋求刺激的生活,同時以樂觀的態度面對各種挑戰,只不過他的樂觀有些過於盲目而

已。所以，當你發現他似乎沒搞懂你的拒絕，並且一再地糾纏時，你就會瞭解盲目樂觀的意思了。

　　他常會做一件事，就是興高采烈地將你丟向空中去，然後又被其他漂亮女生給吸引得轉過身去，而忘了接你下來。他熱愛自由，就像是在山林草原之中的野馬；他會很高興和你接觸，但是別想用韁繩套住他，你越想，他就越會遠離。就算讓你套中了，你越想拉近，他也就越想逃。

　　其實他比較喜歡去征服有智慧及有點野性的女子。越讓他捉不到的，他就會覺得越刺激。他做任何事情都很直接，很多射手座的男子都在追尋偶然的關係，雖然有時會太過偶然，不過野馬在未馴服之前，不也都是如此嗎？對待他最好的方式，就是別對他過度依賴或太想佔有他，讓他明白：你永遠是他最好的朋友及伴侶，儘管他心裏仍不時會燃燒起浪跡天涯的夢。

♥射手座女子的愛情觀

　　射手座的女子開朗，喜歡旅行，是個樂天派的人。做事乾脆，有點冒險性，對於愛情也是很主動的，一看到喜歡的男孩，會展開倒追攻勢，但是有時會讓人感覺三心二意，常常換男朋友，不怕旁人指指點點。

　　射手座的女子是活潑好動的，雖然她看來是如此文靜，可是只要那個開關被打開了，她就會無止境地令你煩擾不已；別以為只要把開關關掉就行了，因為那個開關根本就是壞的。

　　不管做任何事情，她都是相當直接的。如果你覺得她太不拘小節了，她會覺得你有點奇怪，甚至會認為你不夠大膽。這有什麼關

係，只不過是挽著你的手而已，又不是要跟你結婚；她也會如此對待她的男性朋友，所以你無須太大驚小怪。

基本上，她對於雙關語是免疫的。她常會搞錯感情，錯把友情當做愛情，愛情當做友情，這會令她相當困惑。所以你若是喜歡她，並且想和她交往的話，可以不用費盡心思地用委婉的言語來表達，你只要直接地告訴她就行了。然後你可能會聽到她發出一陣嬌笑，告訴你別開玩笑。或者是露出她美麗的淺笑，豪爽地回答：好啊。好像沒什麼浪漫可言。

她不會喜歡上綿羊型的男人，因為她喜歡那種被保護的感覺，但你要瞭解：被保護並不代表可以被左右。她可是相當獨立的，而且她像是頭野馬，要想馴服她，可沒那麼容易哦！她可不會隨隨便便就一頭衝進熱戀之中，除非你一開始就向她證明：你決不會非要她「定」下來不可！

♥射手座的愛情配對

射手座是個在精神及言行上憎恨束縛的自由者，應找一位寬大而可以共享快樂、互相安慰的對象。光明磊落、明朗快活、慷慨大方，生活觀一致的獅子座；具崇高理想及目的，又能積極創造機會的白羊座；同屬樂天性格的射手座，都會帶來幸福。不相稱的如：消極悲觀的雙魚座會使你難以實現理想；膚淺而神經質的雙子座，最後只有分離；過於細膩嚴謹的處女座會使你有束縛感。

最來電的星座：獅子座。配對指數 100 分（射手座居上風）。

兩個火象星座的人，很容易互相吸引。愛玩又愛熱鬧，初次謀面的陌生，很快就能拋到九霄雲外，兩個人一下子就可以打得火

熱。不過，相投時，可以愛得死去活來，相背時，也很容易吵得天翻地覆，最後一拍兩散。

最不協調的星座：金牛座。配對指數 40 分（射手座居下風）。

如火鍋對冷菜，完全不搭配。

工作中的射手座

■射手座的 EQ 指數

EQ 指數為 70～92。

受到木星這個「幸運行星」的支配，射手座的確有超過原本應有的「額外」好運，就像中國人所說的偏財運，射手座永遠是個樂觀主義者，而且也最積極、最自信，具有很棒的幽默感。不過這種星座的缺點就是心直口快，有什麼講什麼，「不夠圓滑」對他而言是最貼切的形容詞，因此，射手座的 EQ 指數在三個火象星座中的落差最大，當他迷人時，絕對可以吸引周遭的朋友，但經常無意間激怒別人的個性卻又犯了人際關係的大忌。

■射手座的工作態度

熱愛自由與追求快速是射手座基本的精神，喜歡從事富有挑戰性的工作，最好能滿足旺盛的好奇心及求知慾。不管任何挫折，都不能打擊他的信心，這種積極向上的做事態度，不但有勇敢的冒險心，還有很好的寬容性。率直、動作迅速的射手座，對任何事都很有信心，可以接受任何發生在身上的事，同時也是全知全能的天才型人物。不但熱愛自由，更喜歡追求速度感，而且開朗大方，能積極面對未來，很討厭磨磨蹭蹭的做事態度，旺盛的精力與飽滿的體力，遇到事情會立刻付諸行動，因此，也會比別人花更少的時間完成。

■射手座適合的工作

　　射手座是一個和學術有關的星座，對於不瞭解的事物他都喜歡去探索，加上他愛好自由的天性，所以大部分射手座的人都很適合學術研究的工作，很容易成為學者、教授或老師等。同時，射手座熱愛旅遊，因此旅行業或航空業也都很受他的喜愛，加上他自身的博學多聞，當個導遊也是相當稱職的。射手座的人常常懷抱著一些理想，會相信人因夢想而偉大，因為這種滿腔熱血的個性，使得他也常常從事演說、宗教等方面的工作。其他適合射手座的行業還有國際貿易或自由業者。

■射手座最佳辦公室星座組合

　　個體性質：綜合思考他在行，同儕中的主管命。

　　如果辦公室有食物鏈，這個星座的人大概是屬於最頂端或是第二層的人士，他仿佛把工作當做一種樂趣，而且思考能力清晰，加上有組織能力，如果想讓他成為你團體中的一員，恐怕你得是老闆或是有才能的有志之士，他才願意跟你「靠近一點」。射手座的人在公司的地位，通常都是你的主管，不然就是同儕中出色的一位，所以多靠近這些人，對你的職場生涯會有很大的幫助。

　　最佳辦公室星座組合：白羊座、雙子座、獅子座、天秤座、水瓶座。

■射手座工作小竅門

　　射手座：避免自由散漫。

　　射手座有著良好的直覺和慷慨的個性，善於結交朋友為他累積

不少人脈，通常也是幸運的一個人。不過，因為受到守護木星的影響，往往容易對一些規章制度持漠視態度，顯得自由散漫，不服管束。要知道任何行業都有自己的規範，如果想要身居高位，就更要以身作則。

 射手座的健康與時尚

✚射手座的健康之道

　　行動力十分活躍的射手座，討厭受人差使，自主力強，富有知性的一面，能全心投入工作，但也有享樂的野性面，是個熱情洋溢的星座。愛好旅行、運動，對於籃球、網球、羽毛球都有涉獵，家裏有空間的地方都可以是健身所在，如：在家做仰臥起坐、跳舞。射手座的健身方式是興之所至，旅行應是他最喜歡的休閒、運動項目之一，而充足的睡眠和休養，應是射手座在平時體力消耗過大時最佳的休息方式。

✚射手座的健康狀況

　　生性積極好動的射手座，如果缺乏適量的腦力和體力運動，很容易變得遲鈍和臃腫。生理保健方面，應該多注意肝、腎、腿及心臟血管組織、冠狀動脈等部位。太豐盛的食物，對射手座並沒有好處，只會導致他精神委靡，失去辦事效率。過分躁動的性格，會增加意外傷害的幾率，這些因素加上情緒起伏的影響，都會直接影響到健康，不可掉以輕心。

✚健康減肥大作戰

　　在身材方面，四肢發達是射手座大多數人的特性，他們多半也是屬於吃不胖的幸運一族。

　　瘦身必殺技：可可瘦身法

可可，是製造巧克力的主要原料。所含的咖啡因類似物質被稱為可可豆鹼，具有安定自律神經的作用，並且有擴張毛細血管，改善血流及安定血壓的功能。你可以把可可當做營養輔助食品，4 克的可可和 100 毫升的牛奶，其中脂肪量只有 10.37 毫克，每杯卡路里才 72 卡，即使添加了 6 克砂糖也才 141 卡。一天中適時地喝上一兩杯可可飲料，能讓你攝取到適量的營養，並且精力充沛地輕鬆減肥。

✚射手座飲食禁忌

體育鍛鍊對於射手座來說是必不可少的，如果不運動，他會感到全身不自在。儘管年輕的時候他偏瘦，一旦年紀大了，他的體重就會跟著上升。不幸的是，女性射手座易在臀部和大腿堆積脂肪，還可能患上臀部和大腿的慢性病，像坐骨神經痛、痛風、大腿疾病和跛足。木星是射手座的守護星，它影響著腦下垂體。射手座的肝臟非常脆弱，所以要注意的是，飲用大量的酒精容易讓射手座的人患上肝炎。矽酸是射手座的重要物質，它可以加強神經系統，維持連通性腦組織健康，並能防止手指、腿和腳的麻木。

缺乏矽酸將會導致頭髮稀少、皮膚粗糙和牙齦脆弱。富含這種物質的食物有水果和蔬菜，像未加工的沙拉、綠色胡椒、無花果、草莓、梨、蘋果、土豆、燕麥、五穀、蛋黃。射手座的人應該吃含高蛋白的烤魚或禽類，新鮮蔬菜和水果，像甜菜、番茄、李子、櫻桃、橘子、檸檬、優酪乳、蛋、脫脂乳、棕色米和麥子。多喝純淨水，一天四頓的少食多餐絕對好過一日三餐的狼吞虎嚥。特別不適合吃的食物，包括油脂高的食物，以及濃湯、奶油、黃油和糖果。

✚射手座的時尚寶典

射手座的女性通常高挑，擁有均勻的好身材，她擅長劇烈的運動，如騎馬、衝浪、打籃球等。身材比例都很勻稱，臀部線條優美，穿什麼都好看。牛仔褲加T恤，或是橫條T恤加狩獵外套，都能穿出瀟灑的風格，她不喜歡有束縛感的服裝，比較偏愛輕便服裝，來強調你率直的個性。

適合射手座的顏色有紫色、深藍色和亮紅色等。明亮的藍色牛仔裝，配上色彩鮮豔的T恤，令人覺得帥氣十足。同樣的牛仔裝，改換顏色明亮的橘色T恤，讓人感覺十分可愛、俏皮。黃色與紫色外套的對比組合，十分搶眼，讓你具有青春氣息，窄裙非常適合臀部線條，清爽的髮型最適合你，羽毛剪髮型能令人覺得神清氣爽。

射手座有天然生就的純真的素質，如同一陣清新的風、一種無法抑制的活力和一股奔向自由的激情，這就是射手座的 MM。因此，充滿浪漫氣息和富有夢幻色彩的藍色和紫色飾品，較適合射手座的 MM。

給射手座的一些建議

◁» 成功需要做的

　　1.專心做一件事，建立目標的穩定性。

　　2.善用洞察力及相信靈感。

　　3.找份可以真正自由發揮的工作。

　　4.控制容易浮動的心。

　　5.多加強外交的能力以及有效的運用策略。

◁» 失敗時要注意的

　　1.做事缺乏計畫，容易雜亂無序。

　　2.拘泥於煩瑣的細節，忽略整體。

　　3.工作時粗心大意，欠缺思考。

　　4.沒有耐心，喜歡憑感情衝動行事。

　　5.容易浪費無謂的時間和精力在無意義的事情上。

◁» 給射手座的愛情建議

　　射手座那種時而冷淡、時而熱情如火的個性，常令情人無所適從，甚至受到傷害，不安定的心，正是射手座的戀情經常告吹的原因。想成為射手座的情人，一定要具備一顆寬宏大量的心，並且和他一樣對很多事情充滿好奇及興趣，若還有著共同的嗜好，和射手座一起生活絕對非常有樂趣。

　　射手座的你也是非常幸運的，有談不完的戀愛，活潑熱情的你

能快速而準確地鎖定你的獵物，並善用你的魅力，讓目標手到擒來。一見鍾情似的戀情，對你而言也是輕而易舉的事情。熱愛自由的你，很能享受浪漫的戀情，卻不想受到約束。

◀» 不要忽略細小問題

射手座的人由於精力充沛，總是忙於應付對他有吸引力的事，卻常常會忽視了一些小的事情，這對他的成長是不利的。不要以小而忽略任何事情，很多事都是因小而失大的，疏忽一時則可能遺恨終身。能夠注重小的問題，仔細調查研究，才能夠發現大的問題，防止出現嚴重的後果。凡事要防患於未然，我們在日常生活和工作中，也應注意觀察周圍發生的事情，由細微的變化來決定自己發展道路的選擇。防微杜漸，才能在事變突發之時，思想上有一個準備，不至於事到臨頭，手足無措。

所以對細小問題不疏忽，對成就大事業是很有幫助的。無論在什麼情況下，射手座的人都應克制自己偷懶、取巧的心理，要勤於觀察思考，忍住鬆懈、疏忽的想法，才能全面地處理問題，不至於有太大的失誤。

◀» 射手座的人際交往

如果射手座的人預見到會失敗，就覺得很掃興，不管別人如何阻止射手座的人，他還是會很乾脆地放棄。和人交往時，不懂情趣、過於木訥，有時讓人家覺得很累。儘管射手座的人是個怕羞的人，可是彆彆扭扭、不坦率地表達意見，會造成相反效果。即使射手座的人有瞬間的爆發力，但也沒辦法持續太久。情緒多變，假如

早上受到挫折的話，整天都會不對勁。逃跑速度快，只要有一點困難或麻煩，一下就逃得無影無蹤。情緒善變、急性子、囉囉唆唆，所以和人家合不來。很討厭麻煩、拖泥帶水的事，所以和人交往的時候也常前後矛盾，有條理的事情也都變得沒有條理了。射手座的人一有事就會大吵大叫，引起周圍人的擔心，可是沒有多久他就忘得一乾二淨，恢復原來的樣子了，常讓周圍的人目瞪口呆。射手座的人借此發洩心中的不滿，覺得很舒暢，可是周圍的人可受不了哦！記住：不論什麼事，射手座的人都不應以自我為中心。

📢 給射手座的忠告

「你為妻子打造一間沒有窗戶的臥室，以防範她夢中的海盜闖進來。」射手座依照直覺去行事是好的，因為他一旦三思，便常會做出錯誤的判斷而後悔；但太信任直覺，依賴預感，常造成他神經緊張。他的競爭性格是激烈的，但卻隱藏在溫和的外表下，自尊心又相當強，最怕和好朋友在同一項競賽項目中相遇，一旦受挫，可能連帶損壞了自信，所以，他不愛比賽其實是怕失敗。射手座的人不喜歡瑣碎的事物，也沒有能力去處理。他思考頻繁，卻不知為了什麼在思考。

獻給射手座的男性的話：「因為得到好運氣而樂極生悲，可是你的兵家大忌哦。」

獻給射手座的女性的話：「妳很容易有戀愛的感覺，但要小心被愛情給震傷了。」

星座小測試

✎ 測試一：糖果測驗你靠什麼虜獲人心

假設你現在心情不好、情緒低落，想要吃一顆美麗的糖果，那你會選下列哪一顆糖果呢？請依照你的第一直覺來挑選。

A.紅色糖衣+紫色糖心。

B.黃色糖衣+綠色糖心。

C.紅色糖衣+黑色糖心。

D.紫色糖衣+藍色糖心。

E.粉色糖衣+桃色糖心。

📄 答案解析

A：紅色糖衣+紫色糖心——你能虜獲人心的指數是 40 分，代表你是一個很慷慨、講求義氣的人，你平常就是以大方、坦率的人格特質來吸引他人，你無須偽裝自己來討好他人，因為這就是你最大的魅力。

B：黃色糖衣+綠色糖心——你能虜獲人心的指數是 60 分，代表你在他人眼中是個又可愛又親切的人，所以大家都覺得你「無害」，也就很喜歡親近你囉！

C：紅色糖衣+黑色糖心——你能虜獲人心的指數是 20 分，建議你要重新開始你的人生，選到這個答案的人，通常是內心有重大創傷或對人性採取不信任態度的，也因為你內心產生的自卑和懷疑，使你無法吸引到他人的靠近與喜愛！

D：紫色糖衣+藍色糖心——你能虜獲人心的指數是 80 分，你個性溫和，而且有點害羞，但因為你美麗的內在，自然地吸引別人向你靠近。

E：粉色糖衣+桃色糖心——你能虜獲人心的指數是 100 分，代表你內心是溫暖、體貼的，很會照顧他人，溫和的一面虜獲了不少身邊人的心。

✎ 測試二：什麼人能當你的知己

你從小就是一個很會找麻煩的人，小時候讓你的父母和家人頭疼，長大後讓你的朋友很傷腦筋，你覺得你身上最讓人受不了的麻煩是什麼？

A.容易受騙。

B.脾氣暴躁。

C.總是糊裏糊塗。

📄 答案解析

A：你發脾氣的機會很少，凡事都會是先考慮別人，不會計較太多。所以要當你的知己，一定也要有你的胸懷，甚至比你多一點理智，就更完美了。

B：你做什麼事都有自己的原則，不喜歡的事，別人勉強你也沒有用；喜歡的事，費勁心思都要做到，是一個脾氣很倔、很固執的人。你的知己必須能接受你的個性。

C：你的人緣基本上還不錯，因為你的想法單純，所以和你相處不會覺得有什麼負擔。你的朋友很多，但真正稱得上知己的人卻不多。而且他們多和你一樣，凡事不會想太多。

✎ 測試三：從你喜愛的冰淇淋看你在職場中的表現

冰淇淋通常有各種口味，個性不同的人會選擇購買不同口味的冰淇淋。信不信由你，現在就來測一下吧！你最喜歡下面哪一種冰淇淋？

A.草莓冰淇淋

B.香蕉冰淇淋

C.香草牛奶冰淇淋

D.有大塊巧克力的冰淇淋

E.有香脆巧克力粒的冰淇淋

📄 答案解析

A：你是一個隨和而又慷慨的人，個性誠實正直，具有很好的適應能力，無論在哪裡都能迅速找到自己的位置，不會輕易被外界因素影響心情和表現。

B：你是一個完美主義者，凡事講究條理分明，有條不紊，為人謹慎，不會忽略任何細節。你富有正義感，憑良心做事，在理財方面則持保守態度，穩妥是第一原則。你喜歡競爭激烈的體育項目，一心要用自己的實力和別人一較高低，渴望成為把握決定權的領導者。

C：你的個性豐富多彩，具有冒險精神，常常不假思索就憑一時衝動作出決定。你為自己設立了遠大的理想，對自己寄予很高的期望，相信自己最終可以達到目標，出人頭地。你希望家庭成員保持密切聯繫，帶給你安全的依靠，讓你毫無後顧之憂。

D：你充滿活力和創造精神，富有魅力，熱情洋溢，是人群當

中的注目焦點，只是有些喜怒無常，旁人難以預測。當然，你很享受成為眾人注目的焦點的感覺，因為你喜歡巧克力，自然會和所有喜歡巧克力的人一樣，不甘寂寞。循規蹈矩的生活很快就會讓你感到厭倦不堪。熱切尋求突破，嚮往五光十色的熱鬧派對和都市生活。

E：你為人寬容大度，而這種寬容的基礎在於自信，因為你知道自己很能幹，富有才華，深得他人賞識。你在社交場合顯得信心十足、灑脫自如，具備令人仰慕的魅力。在事業方面，你充滿雄心壯志，積極進取，一心要勝過別人，保持領先地位，你也確實可以做到這一點，因為你有能力勝任你的工作。

Capricorn

CHAPTER **11**

保守穩定的摩羯座

摩羯座（12/22~1/19）

充滿智慧，思緒周密。有高度的耐
力，在嚴苛的現實環境下仍然能夠耐
心等待。個性嚴謹踏實，容易孤獨。
從不掩飾利己之心，但是大致上仍能
獲得領導者的信賴，也頗具社會使命
感，而且懂得趨吉避凶，為自己規劃
出一個立身處世的藍圖。

固執忠實的摩羯座

★摩羯座起源的美麗傳說

　　牧神潘恩長得很醜。他日日看管著宙斯的牛羊，卻不敢與眾神一起歌唱；他一直愛慕著神殿裏彈豎琴的仙子，卻不敢向她表白……這一切都只因為他醜陋的外表。潘恩害羞而自卑，也沒有什麼法力，在天界幾乎不名一文。

　　沒有人瞭解他那醜陋的外表下，掩藏著的熾熱的心，也沒有人願意走近他，去聆聽他那動人的簫聲。在天河的盡頭有一個湖泊，是誰也不敢涉足的，因為它的水是被詛咒過的，任何人踏進河水一步都會變成魚，永遠也變不回來。但是潘恩無所顧忌，他知道即使自己在最熱鬧的地方也不會有人注意，還不如就在這湖泊邊上吹簫，或許仙子可以聽見呢！

　　然而有一天，正當眾神設宴歡聚的時候，黑森林裏的多頭百眼獸卻突然竄進了大廳！這隻怪獸大聲咆哮，排山倒海，所有的神都無法制服它，於是紛紛逃離。正彈著豎琴的仙子被嚇壞了，她呆立在那裏，不知道如何是好。眼看怪獸衝著仙子而去，膽小而害羞的潘恩卻猛地跳了出來，他抱起仙子就跑，怪獸緊緊追趕。潘恩知道自己根本跑不過怪獸，情急之中忽然想起了天河盡頭的湖泊，於是拼命地向湖泊跑去。怪獸也知道那湖泊的厲害，它暗笑潘恩的愚蠢，往那裏跑豈不是自尋死路！

　　但是怪獸萬萬沒有想到，潘恩竟義無反顧地踏進了那個湖泊，他把仙子高高擎在手中，自己站在湖泊的中央。怪獸這下沒了辦

法，只好放棄。等到怪獸離開以後，潘恩才小心翼翼地挪到岸邊放下仙子。仙子十分感激，想把潘恩拉上來，但是潘恩的下半身已經變成了魚！宙斯以他的形象創造了摩羯座，而摩羯座的人也像潘恩一樣，嚴謹而內斂，對於幸福有著自己獨特的理解。

山羊座也叫摩羯座，但事實上又不是純正的羊，而是羊頭魚身的一種動物，複雜性可見一般。

★摩羯座的性格特點

摩羯座的人是屬於慢半拍的，就是因為他太謹慎了，所以凡事都要經過思考才行動。不過一旦決定的事，一定會確實進行，摩羯座的人也很認真、誠實，如果你有事需要他幫忙，他一定會負責到底。不過，這個星座的人，並不真那麼不好瞭解，因為他多半是渴望被瞭解的。問題往往出在他從不認為別人可能百分之百地瞭解他。所以，你常可見摩羯座的人擺出孤寂、冷漠的臉孔。摩羯座的人天性都略帶羞怯，尤其是人際關係，他絕不是「交際花」型的人物，他通常喜歡默默觀察別人對他的表現。如果你的表現和他期望的相符合，他就向你靠近一步，但仍持戒備狀態；如果你們聊上幾句，他覺得感覺很「對」，才可能進一步與你交往。當他開始把心中的苦悶（包括失戀的過去）告訴你時，才算把你看成是正式的朋友。

正因摩羯座的人對「別人」很不容易鬆懈戒心，因此一旦失望，便難以再對一個「別人」放心了。而由於摩羯座的人渴望被人瞭解，他仍不會忽視任何一個可能和他成為知交的人。他信任好朋友，根本不會太計較人性的醜惡面，於是對於他來說，「暗箭難

防」便在所難免。

★摩羯座的優點和缺點

優點：有實際的人生觀，做事腳踏實地，意志力強，不容易受影響，處處謹慎，有克服困難的毅力，堅守原則，重視紀律，有家庭觀念，對人謙遜。

缺點：太過現實，固執，不夠樂觀，個人利己主義，缺乏浪漫情趣，過於壓抑自己的慾望，太專注於個人的目標，缺乏對人群的關懷和熱情，不善於溝通，不能隨機應變。

★摩羯座的處世方針

外表看起來很謹慎，總是擺出一副冷漠的樣子，讓人覺得不易親近，其實摩羯座的人很隨和，只是不願將自己的感情流露出來，同時缺乏幽默感，不苟言笑，也是讓人不想接近的地方。努力、勤奮、踏實是摩羯座的特性，具有上進心和充沛的體力，能一步一步往理想前進，但是憂鬱的消極性則是潛在的弱點。換句話說，摩羯座的魅力是可以忍受長期的逆境，以追求自我的發展，但另一方面為了掩飾自己的缺點，容易表現出輕率的感情。

★摩羯座的幸運寶典

守護星：土星（象徵狂熱與力量）。

守護神：農神撒旦。

幸運數字：8。

幸運日期：8 號，17 號，26 號。

幸運星期：星期六。

幸運時間：9：00～11：00。

幸運方向（約會方向）：南、東。

幸運場所：隱蔽處。

誕生石：石榴石（解運，消災，增強信心與耐力）。

幸運寶石：縞瑪瑙。

幸運材質：鉛。

幸運花卉：常春藤、紫丁香、子母葉、康乃馨、桃花、雛菊、紫色鬱金香、銀柳。

適合服飾：簡單樸素、雅致大方的整體搭配性服飾。

流行敏感度：成熟穩重型。

每月最需注意的日期：5 號，14 號，23 號。

適合職業：法律、政治、宗教、金融、管理、教育，房地產、生理衛生、研究或計劃性的相關行業。

適合定情飾品：戒指。

談情說愛的摩羯座

♥摩羯座的愛情總述

摩羯座，用外表的冷漠來掩飾內心的脆弱，就算多麼的渴望，都不會表現出來。靜靜地期待，只為最終那個懂得他的璞玉之心的人。等到了，是幸運；等不到，是宿命。

♥摩羯座男子的愛情觀

摩羯座的男子是保守的，但他的野心卻令你很難相信他是保守的，不過他通常會把自己的野心隱藏起來。他隱藏的功夫相當獨到，就像他輕易地混入人群中而不被發現一般。可是絕大部分的摩羯座男人不大會在感情上浪費太多時間，除非你的家世有助於他的事業。

不過，他畢竟還是誠實的，不管是在事業上還是感情上、生活上。為了能夠早些成功，到達那山的巔峰，他把握任何可以使他成功的機會。他在事業無成時，就算你有助於他的事業，你也會發現他希望你早些進入狀況，別再浪費生命。

摩羯座的男人其實很浪漫，只是你要瞭解，他的浪漫只是常被他的紀律給困住了，因此絕大部分的時間裏，他是嚴肅而安靜的。雖然他看起來如此持重、認真、實際，但在他的內心中卻期待著讚美。

他會期待你是個賢妻良母，而且和他的家人們都能愉快相處，當然你也必須博得他所有家人的喜愛才行；任何對他家人批評的言

語,他都會聽成是你在要求「分手」。他珍惜任何事物,當然也包括你在內,你要曉得:他雖是那種花開得比較晚的種類,但花期卻是很久的。

♥摩羯座女子的愛情觀

摩羯座的女子文靜,不像雙子座或天秤座那樣喜歡交朋友,在社交上往往是被動的。對於愛情也會過於拘謹、保守,往往要花一點時間來觀察,注意她的一舉一動,才會慢慢地自我培養愛情之苗。當然啦,你是不會主動,而是等她發現你為止,所以戀愛總是比別人遲!

摩羯座的女子不管她的外表給你什麼樣的感覺,你都不要認為她是柔弱的。她是個很清楚自己能做什麼,又在做什麼的女子。她總是很小心地處理自己的事;對於你的事,她不是不關心,只是她太清楚自己的立場了,更何況你又是個男人。她也許會把感情放在第二位,而工作永遠是第一位,但這並不代表她不需要感情,只是她對於浪費時間不感興趣罷了。

她對於有著優秀背景,或好家世的人比較有興趣,重點並不在於錢;因為她可能賺得比你快,比你多,她比較在乎的是社會地位。她是個相當傳統的人,並且很堅持己見。她也許很保守,但她也很女性化;她也許很安靜,但她也可以很冷漠地接受挑戰。

她有著獨特的優雅、保守、傳統、風範、禮儀、頑固、憂鬱、悲觀及沮喪等特質。她其實很富有變化,只是她自己困住了自己的本性,因為她知道前頭的路還很長,在那個能夠讓自己依靠的男人出現之前,還有很多事得自己做;更何況,有哪個男人能夠比她更

看得清楚未來的路呢？

♥摩羯座的愛情配對

最來電的星座：處女座。配對指數 100 分（摩羯座居上風）。

只要能穩住處女座的神經，讓他不要緊張兮兮的，摩羯座一定可以抓住處女座的心。又因為同樣屬於土象星座，所以在許多方面，兩個人都很契合。

最不協調的星座：雙子座。配對指數 40 分（摩羯座居下風）。

土象星座的摩羯座和風象星座的雙子座，本來就是兩個極端的人；雙子座的愛情哲學是「不在乎天長地久，只要求曾經擁有」，這也讓嚴父型的摩羯座無力招架。

工作中的摩羯座

■摩羯座的 EQ 指數

EQ 指數為 68～82。

寒冬季節出生的摩羯座，具有一股堅韌的生命力，腳踏實地是摩羯座的美德，很有耐心和責任心，但由於封閉的個性，使得摩羯座不能隨意與人交往。其實，偶爾讓自己解放一下，隨和一點，不至於對自己造成什麼傷害，你的人生的確需要一點浪漫。試著對人生多發揮幽默感，別老是一副悲觀論調，常常以樂觀的態度去看待事情。這個星座的象徵是「山羊角」，所以亦稱為山羊座，有不少相當令人驚歎的名人是摩羯座，包括化學及細菌學家斯巴德、史懷哲、毛澤東及美國的金恩博士（黑人民權運動領袖），他們均是經過一番逆境而終至成名的人物。

■摩羯座的工作態度

摩羯座的人，為人誠實可靠，有很強的忍耐力和處事能力，不但擁有強大的責任感，而且具有強韌的生命力與精神。雖然做事的步調有點遲緩，不過穩重平實的態度能確實有效地順利達成目的。喜歡幫助人也是摩羯座的特點，因此可利用這份特殊能力，同時幫助自己與幫助別人，充分享受助人為樂的成就感。性情純真的摩羯座，對於任何事都有強烈的責任心與義務感，雖然個性保守，在面對新事物時，往往也會躊躇不前，但只要經過慎重的考慮後，也具備很好的隨機應變的能力並吸收專門的知識，可以掌握良好的時

機。但為了保護自己擁有的一切，獨佔慾非常強烈，絕不容許他人侵犯他的勢力範圍。

■摩羯座適合的工作

　　摩羯座是一個比較保守、穩定的星座，不喜歡受到太多的波動，會從事一些穩定而沒有風險的行業，例如公職、幕僚等。不過摩羯座也是一個喜歡土地和營建的星座，所以和這些有關的工作，例如不動產、土木、營造、建築等都是他常常從事的工作。除了這些，重視實業和功用的摩羯座，在機械和工業上都能夠有很好的發展。此外，摩羯座是個重視歷史的星座，對文物古蹟有特別的感情，所以也很適合從事和古物與歷史有關的職業。此外，還有基礎的農林牧業，也是他可能會選擇的職業。

■摩羯座最佳辦公室星座組合

　　個體性質：運籌帷幄一把抓，獨裁世界我最大！

　　這個星座的人也是屬於主管級的料，當然他如果還是你的同儕的時候，多和他接近也會得到不少的經驗──不過他通常會留一手給自己，也就是說私心會比較重。在當同事時，他是認真負責的人，而且深受老闆的信任，對於自己工作上的事也很少出狀況，是個完美的工作者。

　　最佳辦公室星座組合：金牛座、巨蟹座、天蠍座、處女座、雙魚座。

▣摩羯座工作小竅門

摩羯座：避免僵化保守。

摩羯的整體大局觀和堅定的執行能力，往往會為其職業道路打上沉穩而堅實的基礎。但是注重傳統價值的摩羯座，對新事物的接受能力，往往要遠遠落後於其他星座。因此，雖然堅持到底終有收穫，但也浪費了很多可以走捷徑的道路。適當時候學習些技巧，事業前途不可限量。

摩羯座的健康與時尚

✚摩羯座的健康之道

生性節儉，有「工作狂」傾向，甚至會因公忘私的摩羯座，在體形上大多以嬌小玲瓏為多，在壓力之下，消化系統並不是很好，因此，建議在美容瘦身上，不妨從有益身心健康的方向來調整。固定的生活作息及充足的睡眠，是養顏美容的第一課，若能在一周內抽出兩三天做游泳運動，可以讓人精力充沛，每天晚上睡覺前三小時不可再進食，定時一杯檸檬汁可補充維生素 C，既自然又健康。

在每天上班途中，若時間許可，不妨讓自己悠閒散步半小時，一來使自己全身的細胞做好調適的功能，「多運動多健康」的原則不可忘。

平日需多注意牙齒和骨骼的健康，多攝取一些維生素 D 則是你不能疏忽的養身之道；多吃甘藍菜，還可以幫助你抵抗風濕症。

✚摩羯座的健康狀況

摩羯座要預防牙齒及骨科方面的疾病，這些疾病有許多是因為消化功能不良所引起的。食物在胃腸發酵，其中的酸性物質積聚在關節處；尿酸代謝的過程緩慢，也經常造成關節的腫脹和疼痛。摩羯座因為有偏食的習慣，容易造成食物營養攝取不均衡。一般來說，摩羯座並不特別挑食，但遇上自己喜歡的食物，則會毫無節制地食用，這可是健康的一大隱憂。

✚健康減肥大作戰

天生的急脾氣讓摩羯座的人總是處於匆忙的狀態下，即使是吃飯的時候，也和上戰場打仗一樣，而且不是吃得太快，就是吃得太多。這樣時間長了，想不發胖都難了。

瘦身必殺技：喝水瘦身法

多喝水能讓摩羯座瘦身的效果加倍。你知道嗎？沒有卡路里的水，可以改變摩羯座因為太過專注工作而忽略的飲食習慣，能夠讓你的胃在飯前因水而充滿飽足感，不再讓你那麼餓，這是飯前水能讓你瘦身成功的原因。一天喝足 1800 毫升的水，除了能夠清洗你體內的毒素，亦能抑制食慾中樞，還能沖刷舌頭上的味蕾，讓味覺更發達，味覺一旦發達，飲食就會變得較清淡，如此即可降低對卡路里的攝取。

✚摩羯座飲食禁忌

與獅子座和射手座的人一樣，摩羯座是以長壽而聞名的。不過，摩羯座人的骨頭、關節和膝蓋易出現風濕、關節炎、神經痛和畸形等問題。摩羯座的守護星土星，就是控制膽囊、脾臟、骨頭、皮膚和牙齒的行星。由於飲用過多的酒精，他的皮膚會很乾燥和敏感。而且他是「工作狂」，一工作起來連吃飯也省略了，這樣往往會一次吃很多。磷酸鈣是對摩羯座起著重要作用的礦物質，也是骨骼形成中最重要的因素。缺乏磷酸鈣可能導致軟骨病、脊髓曲度、牙齒參差不齊和關節疼痛等。富含這種物質的食物包括橘子、檸檬、芹菜、菠菜、甘藍、玉米、豌豆、馬鈴薯、核桃、杏仁、燕麥，無花果、圓白菜、蒲公英和棕色米。想要擁有健康的骨骼、皮

膚和牙齒，摩羯座的人應攝入含蛋白質和高鈣的食物，像新鮮的水果和蔬菜、魚、雞蛋、麵包、乳酪、酪乳和優酪乳。盡量讓飲食多樣化，嘗試不同的蔬菜、水果、肉和魚等。因為摩羯座的人每天經常吃同樣的東西，巧克力和被提煉的糖會對皮膚造成傷害。

✚摩羯座的時尚寶典

摩羯座的女性身材適中，瘦長，不適合華麗的色調。裝扮應以樸實、高雅為原則，才能凸顯妳的風格。鄰家女孩味道的服飾、條紋式的休閒洋裝會讓妳有一份親切感。簡單剪裁、質感優良都能凸顯妳的高品味。

適合摩羯座的顏色有黑色、褐色與駱駝色等，黑色很適合文靜的你，讓人對你保持距離，不妨用黑白組合，再利用深綠色領結點出優雅風采。黑色套裝，白色翻領，再加上桃紅領結也是不錯的搭配。駱駝色的格子長褲和金褐色的上衣，是自然、素雅的搭配，非常耐看。摩羯座的女性適合清爽俐落的髮型，長髮可將頭髮編成辮子，俏麗迷人。適合小巧可愛的配飾，不適合佩戴過多配飾，只要做重點式的點綴就好。皮包和鞋子也適合簡單的款式。

摩羯座的女性是個很有自知之明的人，她總是力圖用理智去支配自己的行動，是一個很有事業心的女強人哦！因此，那些富於激情，能夠彰顯野心的飾品適合她的口味。所以建議佩戴成熟的黑色或海藍色飾品，在彩妝的選擇上也應以深沉的色彩為主，讓她更具成功女性的味道。

給摩羯座的一些建議

📢 成功需要做的

    1.做事持之以恆，具有耐心。

    2.充分運用活力及才能。

    3.保持謹慎的態度及強烈的責任感。

    4.往設定的目標勇往直前。

    5.多培養交際手腕，力求自我表現。

📢 失敗時要注意的

    1.容易產生悲觀的想法。

    2.對環境欠缺安全感。

    3.不知變通，墨守成規。

    4.堅持己見，做事保守。

    5.拒絕改變與接受新知。

📢 給摩羯座的愛情建議

    摩羯座是值得信任的伴侶，但是在感情上常因太敏感而產生強烈的忌妒，而過分的保守則讓人覺得無動於衷，容易造成彼此的誤會，應試著去瞭解如何面對自己及接受你所愛的人。結婚會讓摩羯座更有感受力，並擁有更正面的人生觀，不過一定要選擇與你心智相合的對象。

    感情內斂，就算遇到心儀的對象，也很難有熱情如火的表現。

務實的摩羯座很重視另一半的成長，尤其是經濟方面的，你很清楚你要的是安定而聰明的對象，你會步步為營，悄悄地規劃一切，但聰明的對象知道你絕對是值得等待的。

◀ 不要過於小心謹慎

摩羯座的人一般比較缺乏自信，凡事過於小心謹慎，不大敢冒險，因此，在工作上少有驚人之作。要取得大的成就，摩羯座的人必須努力培養自己的冒險精神。勇於冒險求勝，就能比想像的做得更多更好。

◀ 摩羯座的人際交往

摩羯座的人愛囉唆，不論什麼，他都要做指示；只要摩羯座的人認為是合理的，他就決不讓步；別人怎麼想的，要捨棄什麼，一定是照著摩羯座的人自我的意志去想去做；所付出的東西，也一定要以其他形式要回來；總把別人當做傻瓜，這些都是摩羯座的人需要改正的地方。端莊穩重，內心固執己見，敏感甚至有些神經質的摩羯座，最好能稍微修正有點膽怯的天性。凡事既然有精密的策劃，就不妨大膽去實踐。由於在團體中很難顯露出個性，應避免遭人誤解。

摩羯座的人認真地努力工作，不是為了別人，而是為了自己。努力工作，能讓摩羯座的人證明自己有能力。摩羯座的人視野狹窄，只強調自己的藉口，只能照著自己的主張來考慮事情。

◁》**給摩羯座的忠告**

你堅信：「如果上帝真的存在，你遲早會拍到他的照片，否則便可以斷然推翻他存在的假定。」摩羯座的人天性都略帶羞怯，保護自己的能力很強，卻又容易忽略人性惡的一面，於是常會被暗箭所傷。摩羯座的人待人處世是溫和而有距離的，如果太過於親密，他就會顯得焦躁、緊張。他不容易放鬆神經，但也會以自嘲的方式來疏解自己的情緒。然而，在自嘲的範圍外，他是不能接受別人開他的玩笑的。

獻給摩羯座的男性的話：「雖然實驗是檢驗真理的唯一標準，但也別太過認真。」

獻給摩羯座的女性的話：「華麗浪漫的愛也可以不著痕跡，只要妳有足夠的誠意即可。」

星座小測試

✎ 測試一：你會為愛情付出怎樣的代價

一個小偷溜進了王宮，從你對他偷走的東西中，能判斷出你的愛情觀，從深層心理學的角度而言，這正暗示著你願意為生存和愛情情願付出的代價。不信？那就來試試吧！

A.鑰匙。

B.皇冠。

C.寶鏡。

D.古董茶壺。

📄 答案解析

選 A 的人：就精神分析學而言，鑰匙代表著朋友。所以，選它的人，可能認為自己是為了愛情，寧願失去知心朋友的類型。或許你會抗議：「我決不會這麼做。」一旦有一天，你因為愛上某位異性朋友而與朋友發生爭執時，還會記得你曾說過的話嗎？

選 B 的人：王冠是名譽和地位的象徵。所以，選它的人會為了愛情拋棄富裕的生活，以及令人尊敬的榮譽和地位。雖然這種為愛而付出的代價可能非常大，但多半會過得很快樂。

選 C 的人：鏡子中可以反映出自己的影像，也就是說它是未來的象徵。所以，選它的人屬於願意為愛情放棄大好前程的人，同時，也是比較注重把握眼前幸福的人。

選 D 的人：茶壺是包容力的象徵，也就是暗示著你的家人。

選它的人，為了愛情，是不惜給自己和家人帶來不幸的。這類人很容易陷入危險的愛情之中，甚至會和有婦之夫發生戀情。

✎ 測試二：你們在一起的幸福指數是多少

你和朋友本來計畫在這個週末一起去看電影，結果那個讓你心儀的他，卻突然邀你週末一起出去玩，面對兩難的衝突，你會選擇：

A.跟朋友出去玩，再找時間跟他約會。

B.跟朋友推說有事，陪他一起出遊。

C.跟他說明原因，因為先答應朋友了。

D.先不做決定，時間到了再做決定。

E.先不做決定，看看他的誠意再說。

📄 答案解析

A：你們的感情持續穩定進展，不管發生什麼事，你都對他有一定的信心，現在的你可以說是全世界最幸福的人了。多加把勁，相信再過不久，你們的戀情會有更圓滿的結果。幸福指數：90分。

B：現在的你其實正為情所困呢，為了追求幸福而讓自己身陷情感牢籠的你，相信也一定筋疲力盡了吧？與其徘徊不定，倒不妨停一下腳步，看看他是否真是值得你付出的人，才不會最後成了一場空。幸福指數：50分。

C：你跟他的關係其實已經夠明朗化了，相信旁人也都看在眼裏。只是礙於面子，彼此都不願先開口表白。好像只差一步卻又那

麼遙遠。還是坦承愛情比較好，不然小心拖太久就再也沒有下文了。幸福指數：70分。

D：現在的你其實對愛情並不會特別期待。一切以平常心看待，也能比較冷靜地處理感情上的事。不過愛情如果太過理智就不叫做愛情了，有好的機會也要適時把握，一段感情的維持是需要兩個人共同去經營的。幸福指數：40分。

E：桃花綻放的你，現在正有追求者，不管暗戀或是明戀，愛情的感覺確實讓你如沐春風。不過也別把自己給寵壞了，該你付出的還是得付出，不然小心對方心灰意冷轉移目標，造成反效果。幸福指數：50分。

Aquarius

CHAPTER 12
古靈精怪的水瓶座

水瓶座（1/20~2/18）
思想超前，理性自重的星座。不願受
到約束，博愛，但他還不同於射手
座，他較著重於精神層次的提升，是
很好的啟發對象。

 # 理性博愛的水瓶座

★ 水瓶座起源的美麗傳說

在特洛伊城裏，有一位俊美不凡的少年，他的容貌是連神界都少有的，他就是特洛伊城的王子伊。伊不愛人間的女子，他深深愛著的是宙斯神殿裏一位倒水的侍女。這個平凡的侍女曾經在一個夜晚用曼妙的歌聲捕獲了伊的心，也奪走了特洛伊城裏所有女孩的幸福，那個女孩叫海倫。

宙斯非常喜愛海倫，儘管她只是一個侍女。可是有一天，海倫無意中聽到，太陽神阿波羅和智慧女神雅典娜關於毀滅特洛伊城的決定，海倫不顧戒律趕去給王子伊報信。結果在半途中被發現，宙斯的侍衛們將海倫帶回了神殿。宙斯不忍處死她，但決定好好懲罰她。在他的兒子阿波羅的提示下，宙斯決定將這份罪轉嫁給與海倫私通的特洛伊王子身上。

這天，宙斯變成一隻老鷹，降臨在特洛伊城的上空。他一眼就看見在後花園中散步的王子。宙斯驚呆了，他見過許多美麗的女神和絕色的凡間女子，卻從來沒見過如此俊美的少年。宙斯被伊特別的氣質深深地吸引了，一個罪惡的念頭油然而生。他從天空俯衝下來，一把抓起伊，將他帶回了神殿。

在冰冷的神殿中，伊見不到家人，也見不到海倫，他日漸憔悴，而宙斯卻逼迫伊代替海倫為他倒水，這樣他就可以天天見到這個美麗的男孩。宙斯的妻子赫拉是個忌妒成性的女子，她看在眼裏，怒在心頭，她不僅忌妒宙斯看伊時那無恥的眼神，更忌妒伊有

著她都沒有的美麗光華。於是赫拉心生毒計，決定加害這個無辜的王子。她偷偷將海倫放走，海倫自然要與伊私逃下界，這時她再當場將兩人捉住。雅典娜明白這是赫拉的計謀，但也無能為力，被激怒的宙斯決定處死伊。然而，就在射手奇倫射出那致命一箭的剎那，侍女海倫擋在了伊的胸前！眼看奸計沒能得逞，赫拉惱羞成怒之下，將伊變成了一隻透明的水瓶，要他永生永世為宙斯倒水。然而，水瓶中倒出來的卻是眼淚！眾神無不為之動容，於是宙斯便將伊封在了天上，做了一個憂傷的神靈。

伊夜夜在遙遠的天際流淚，人們抬頭看時只見一群閃光的星星仿佛透明發亮的水瓶懸於夜空，於是叫它水瓶座。

★水瓶座的性格特點

水瓶座在精神表現方面是具有人道精神，並具有貫通一切事物真理的能力。正面的特性是具有理想主義，直覺力強，關心他人，獨立、博愛、風趣、聰慧，會運用權力和適於社會生活。負面的特性是過度自我，思想偏激，自我膨脹，雜亂無章，誤用權力，有控制慾，不安定，無耐性，易激動，好爭辯，古怪、殘忍、無情以及好管閒事等。

這個星座常被稱為「天才星座」或「未來星座」。因為它的守護星是天王星，而希臘神話中上通天文，下知地理，並有預知未來能力的智慧大神烏拉諾斯是它的守護神。所以他具有前瞻性、獨創性，聰慧，富有理性，喜歡追求新的事物及生活方式。他的心胸寬大，愛好和平，主張人人平等，不分貴賤貧富，不但尊重個人自由，也樂於助人，熱愛生命，是個典型的理想主義者和人道主義

者；他深信世上自有公理，所以常有改革（或革命）的精神。另外，他也很重視理論和知識，有優秀的推理力和創造力，客觀、冷靜，善於思考，思想博大，講求科學、邏輯和概念，價值觀很強，是一個對超能力、超自然現象會積極證明，人緣及辯才均佳，忠於自己信念，又令人難以捉摸的星座。水瓶座雖是個理想主義者，但他一旦碰上愛情，就會變得非常實際。

水瓶座的人是非常有主見的人，在朋友中出盡風頭，成為出色的領導者。水瓶座的人一向有崇高的理想，而且會勇於實行。他敏銳，理解力好，跟任何人都能打成一片，對自己的父母，也能像朋友一樣交談。

★水瓶座的優點和缺點

優點：崇尚自由，充滿人道精神，興趣廣泛，創意十足，樂於發掘真相，有前瞻性，擁有理性的智慧，獨立，有個人風格，樂於助人，對自己的感情忠實。

缺點：缺乏熱情，想法過於理想化，不按牌理出牌，打破沙鍋問到底，太相信自己的判斷，思想多變，沒有恆心，對朋友很難推心置腹，過於強調生活的自主權，喜歡多管閒事，太過理智，情趣不足。

★水瓶座的處世方針

水瓶座個性獨立而執著。經常有一些激進、革新式的見地，屬於新時代的人物，有豐富的同胞愛和民主意識，能夠打破社會階級和人種的差異，培育真正的友情。對於一些既成的觀念，為了忠於

自己的信念，會激動地試圖抵抗。

★ 水瓶座的幸運寶典

守護星：天王星（象徵智慧及變數）。

守護神：烏拉諾斯。

幸運數字：40。

幸運日期：4 號，13 號，22 號，31 號。

幸運星期：星期四。

幸運時間：22：00～1：00。

幸運方向（約會方向）：南南東、東北東。

幸運場所：繁忙處。

誕生石：紫水晶（護身，增進處世能力）。

守護石：藍寶石（避災，增強智慧及人情世故）。

幸運寶石：藍寶石。

幸運材質：鈾。

幸運花卉：水仙。

適合服飾：自行搭配個性、知性感的服飾。

流行敏感度：個性表現型。

每月最需注意的日期：5 號，13 號，23 號。

適合職業：科學家、發明家、推理小說家、音樂演奏者等。

適合定情飾品：耳環。

談情說愛的水瓶座

♥水瓶座的愛情總述

水瓶座很個性化，不愛出風頭。他不拘泥於婚姻的形式，所以是和情人以同居形式生活在一起最多的一個星座。水瓶座的人無法容忍別人一廂情願地喜愛著他，他更不可能一廂情願地纏著別人。當他吸引你時，你最好不要太快表現出你對他的好感或好奇，更千萬要保留你對他的讚美之詞，因為萬一你並不吸引他，他會覺得你對他的評價不值得採信。

如果水瓶座的人吸引了你，而你也能吸引住他的目光和心神，這樣，你們之間愉快和平等的關係才有望建立。尤其表現在愛情上。但這並不是說水瓶座的人都是驕傲或勢利的，他只是善於控制流入自己生命的外物品質。他的質檢工作做得不錯，就像吃白米飯時，舌頭自然會敏感地察覺到夾雜在飯粒中的小石子一樣。至於那些流入別人生命的壞東西，水瓶座的人就不會太計較。不過，如果是他的朋友，他還是會忍不住想幫忙做品質檢驗、過濾淘汰的工作。「合則聚，不合則散。」這是水瓶座的人對人的看法。這「合」指的正是「我吸引你，而你也得吸引我才行」。

♥水瓶座男子的愛情觀

水瓶座的男子，體內蘊藏著極大的活力，嚮往自由，興趣廣泛。求知慾望很強，但往往滿足於一知半解。常愛突發奇想，對世界與人生的認識往往理想色彩較重。古道熱腸，樂於解人之難。做

事情喜歡追根究底，頗有打破沙鍋問到底的精神。頭腦靈活，有創意。不太遵守規範，喜好隨心所欲，人稱「不按牌理出牌」。

水瓶座的男子內心世界極為錯綜複雜，很難理解。他給人的表像是樸實、直爽，但內心總是在悖論和矛盾的境界中徘徊。一般來說，他對人熱忱，願意幫助人。但在某些特殊的情況下，他也會表現得異常冷漠和不近人情。他既有個性，又富有魅力，這是個能使他所愛的人神情蕩漾的人。他不願按規章制度辦事，也忍受不了任何約束。

實際上，他更喜歡友誼，而不是愛情，因為愛情會妨礙他形而上學的沉思：我是誰？我從裡里來？我到何處去？但他也會瘋狂地投入到愛情的懷抱，或者把一切都理想化。由於土星的影響，水瓶座的男性性格比較冷漠、孤僻，思想富有哲理性。如果天王星影響力大，則會使這一座的男性變得很幽默，喜歡與人交往，並對所有新事物充滿好奇心。水瓶座的男性在四十歲左右的時候，常常會出現不可避免的人生轉折，他會改變自己的生活，拋棄過去，奔向新的未來。

與生辰星位在獅子座的女性會情投意合，他們都有成為強者的慾望，是同樣有才幹的人。雙子座的女性是他和睦相處的伴侶，她會從精神和事業上不斷地給他以激勵；優雅和富有魅力的天秤座女性，能給他以藝術創作的力量。

❤水瓶座女子的愛情觀

水瓶座的女子不拘小節，是個自由主義者，所以在愛情觀來說，也主張自由，不會以愛來束縛對方。她很有理智，決不會為情

所困，她認為男女應該互相幫助，一視同仁，身為女人，不一定要依賴男人。水瓶座的女子，獨立不倚，我行我素，聰穎智慧，才華洋溢。注重精神享受，內心比較充實。愛如輕風，恨似微雨，天遠地寬，很少有感情負擔。謀求個人發展和自我保護意識較強。樂於助人，事無巨細，有求必應。思想常變常新，但缺乏持之以恆的精神，有時好主觀臆斷。

水瓶座的女子，好奇心強，常常把強烈的願望和獨立精神融合在一起。她是一個反習俗和不願意隨聲附和的人，說話和做事全憑自己的興趣，她希望凡事都能自己去自由選擇和行動。然而，她的反應是難以預料的，有時甚至會使人懷疑她的理智程度，在愛情問題上尤其如此。她的情感與她的想像密切相關，她不但喜歡現實中的人，而且也喜歡從她的幻覺中走出來的人。實際上，她的心常常停滯在愛情上，尤其當金星或月亮處在她的生辰天宮圖中時。她容易走極端，可能有一顆最純潔的心、最理想的愛情，也可能變得完全冷漠無情。一定不要使她失望，否則將無法挽回地失去她。但是，一旦她真正發現了自己的愛，她會把自己全部的智慧、全部的真誠和自己所擁有的一切，都毫無保留地獻給自己所熱愛的人。

她的愛情生活是浪漫的，她希望在友誼的基礎上去發展永恆持久的愛情關係。對於她來說，獨立自主比單純愛情生活的滿足要珍貴得多。因此，水瓶座女子的愛人，一定要注意尊重妻子的這一性格，這樣他們的愛情才會得到健康發展。

生辰星位在獅子座的男性會對她產生好感，他們對事業有共同的願望和共同的追求。雙子座男性的求知慾和真誠的友誼，會觸動她的心弦，他們會在志趣相投之中和諧地生活。天秤座男性的靈感

和對美的嚮往會喚起水瓶座女性的愛情。

♥水瓶座的愛情配對

與水瓶座相稱的對象應該是個很優秀，有才華而不在乎你過去的人。故具融通性又能尊重他人的雙子座最為適合；能夠和你保持和諧及關懷的天秤座；具有深邃洞察力又富人道精神的水瓶座，這些都是最適合的星座。不適合的星座如：不知變通的金牛座；陰沉堅持的天蠍座，則會使雙方陷入冷戰之中。

最來電的星座：天秤座。配對指數 100 分（水瓶座居上風）。

同是風象星座的水瓶座跟天秤座，性格好壞皆相似，像戀人，又像朋友，情與理都兼顧，是完美的組合。

最不協調的星座：巨蟹座。配對指數 40 分（水瓶座居下風）。

巨蟹座那種感性、脆弱、缺乏自信的態度實在讓水瓶座的人感到非常不耐煩。水瓶座是理性得有點過頭的星座，兩個人之間過於缺乏共通性。

工作中的水瓶座

水瓶座的 EQ 指數

EQ 指數為 72～84。

水瓶座的人是懷抱自由的理想主義者，有許多閃耀如詩般的才華，在文學與美術方面，可以盡情發揮。由於處事過於明快乾脆，反而容易給人留下冷漠的感覺，只有懂得欣賞他的人，才能成為水瓶座的好朋友。他並不會花太多時間在與人打交道上，如此一來，水瓶座的人的 EQ 指數當然不高。

水瓶座的工作態度

聰明敏銳的水瓶座，對任何事的看法是客觀的，會尊重每個人精神的自由。因此，水瓶座有個特徵，就是對無法用事實或道理證明的事情不感興趣，比較強調科學依據，所以不會被人情世故或世俗感情所束縛，容易讓人誤認為是個不懂世故的冷漠人物。

對知識的好奇心強烈，喜歡學各種技能的水瓶座，永遠按照自己的步調行事，不會被周遭的人或事物所影響。在金錢方面，他並不屬於守財奴之類的人，他覺得有必要的東西，不計花費也會去購買。他在該享受的時候也是很注重享受的，就算開銷已超出這個月的預算，他也不在乎，所以水瓶座的人實際上很難存到什麼錢。

水瓶座適合的工作

水瓶座是個適合新興行業的星座，特別適合高科技的產業，例

如，電腦、電子通信，甚至是航太產業。同時，水瓶座也是一個創意星座，適合從事有關設計企劃或者需要發明創作的職業。其他屬於水瓶座的職業還有自由職業者、社會工作者、學者等。

▇水瓶座最佳辦公室星座組合

個體性質：動腦動手不動嘴，知人知面不知心。

12 星座中最難搞懂的就是水瓶座。在辦公室中他是個怪人，也是個奇葩。他很少出現在辦公室裏，因為他不適合朝九晚五的生活；他也很少在家，那他到底在哪裡呢？只有他自己知道。不過只要他是辦公室的一員，大概都會提早完成工作，然後做自己想要做的事，他會把辦公室當做一個基地，而且他獨來獨往，實在是個不適合拉攏的對象。

最佳辦公室星座組合：白羊座、雙子座、獅子座、天秤座、射手座。

▇水瓶座工作小竅門

水瓶座：避免個性過強。

水瓶座有著良好的創造力和創新能力，時常走在潮流的前端。但是水瓶座也往往是最叛逆、最愛追求個性的星座。即使在工作場合，水瓶座也潛藏著奇裝異服的衝動；而對於事情的見解，也容易一鳴驚人。要適當考慮別人的內心感受和接受程度，這樣才不至於在危險到來時成為「出頭鳥」。

水瓶座的健康與時尚

✚水瓶座的健康之道

　　水瓶座的身體適應力極強，除非長時間累積，否則很容易順應許多環境的變化，內在如此，外在亦然。尤其在社交生活上，水瓶座男女人緣極佳，對於自己及他人的打扮、服裝之類的事情，他都可以成為最好的諮詢師。正因為水瓶座天生愛美的個性，即使一顆小痘痘常常都會被視為障礙物，所以，他經常會注意許多美容的流行資訊，只要是他能夠嘗試的，不管從上到下，還是從裏到外，都不會遺漏，所以，要建議水瓶座應以自然健康為主，如果用偏食或壓抑食慾達到塑身的效果，恐怕都是不好的做法。水瓶座還是應遵照均衡守則，在運動中保持自己的健美體形。對於水瓶座來說，爵士舞、瑜伽都是很好的運動項目。另外，出手大方的水瓶座切忌使用非合法性的藥物或偏方，千萬不要為了美麗而不顧一切。畢竟，身體健康才是最重要的。

✚水瓶座的健康狀況

　　水瓶座的人最怕冬天的嚴寒，因此在冬季時要注意保暖，不然手腳會經常感到冰冷難耐。腿和腳踝是水瓶座身體上的弱點。週期性的神經質或憂慮不安的情緒，則會影響水瓶座人的睡眠，並且使他易怒。由於胃口隨情緒時好時壞，因此用餐很少能定時定量，這一點值得注意。容易患的疾病如血液循環不良，會導致靜脈曲張，血壓過高或過低、動脈硬化、精神病等，也要特別留心。他在生理

保健上要注意的是循環系統、小腿、腳踝以及甲狀腺等部位。針灸對他是極為有效的治療方式，此外，充實的精神生活，沉思、冥想，瑜伽術等，都有助於他身體能量的補充和再生。

✚水瓶座的飲食禁忌

水瓶座人的胃口時好時壞，這主要取決於他的情緒。喜歡有特色的風味菜肴，喜歡吃溫熱帶盛產的水果，如芒果、鳳梨、木瓜和鱷梨等；石榴能補充水瓶座所缺乏的鹼性，以上植物對水瓶座的健康特別有益，可斟酌使用。

水瓶座的人工作起來不遺餘力，以致精神和體力常常會有很大的變化；血液循環若趨於緩慢，就會經常感到冷，所以需要補充鈉鹽，鈉有助於尿酸的排泄，可以促進血液循環，因此可以多吃草莓。水瓶座的人還需要補充磷質，可常吃蘑菇、杏仁、葡萄、扁豆和洋蔥，對他來說，吃魚要比吃肉更有益，而穀物也是他不可缺少的營養品。

✚健康減肥大作戰

特立獨行的水瓶座，時常不是忘了吃飯，就是沒有時間吃飯。其實，吃飯有時候對水瓶座來說，是件麻煩的事，不但不知道今天該吃什麼，而且忙的時候不僅吃得更快，而且連上廁所的時間也不想浪費，小號憋完憋大號，這樣不胖才怪。

瘦身必殺技：喝蜂蜜瘦身法

建議水瓶座可以選擇在星期天強化瘦身意念。在星期一到星期五的工作日裏，選擇一兩天來實行蜂蜜瘦身法，請記得實行的當

天，無論走到哪裡，都要隨身攜帶蜂蜜在公事包裏，只要能夠將蜂蜜溶解白開水裏就可以喝了。蜂蜜營養豐富，香甜又好喝，建議你選擇最忙的一天來實行蜂蜜瘦身法，根本不須勉強自己，既能創造出更多的工時，又可以達到健康的瘦身。

蜂蜜瘦身法可以不必選擇連續實行，但要有一定的週期，若你每星期一最忙，就以每星期一為蜂蜜瘦身日，一整天都喝蜂蜜；你還可以買些花果茶來搭配喝，真是輕鬆又愜意。

✚水瓶座的時尚寶典

水瓶座的女性大部分不高，但雙腿修長，熱褲、馬褲和長筒襪都能表現出雙腿的優美線條。因為水瓶座勇於嘗試，常常可以在流行中穿出屬於自己的風格。所以，外出時可穿俏麗的玫瑰紅迷你裙與短夾克，黑色高領衫與絲襪，玫瑰紅的帽與鞋，一對大耳環，這樣大膽的搭配真的很搶眼，既體現了俏皮感，又可以讓你美麗出眾。

水瓶座的女性適合羽毛剪髮型，或是不對稱的立體造型。妳最喜歡有個性的飾物，新潮、特殊款式的飾品都適合襯托妳的個性。那些造型奇特的皮包是你的最愛。適合水瓶座的顏色有黃色、綠色與純白色等。大膽的幾何圖案襯衫，搭配亮麗的黃綠色長褲，耀眼迷人。生機盎然的黃綠夾克，搭配淺淺的黃色背心裙，有春天的氣息，讓人覺得俏麗，有精神。

水瓶座的 MM 屬於理想主義者，富於同情心，可是脾氣有些無常，令人難以捉摸。建議妳採用冷色調的飾物，可以盡顯妳酷酷的性格，如紫色或藍黑色水晶飾品和眼影。一些新穎、獨具一格的設計樣式較適合水瓶座的 MM。

給水瓶座的建議

成功需要做的

    1.展現過人的才智、創造力及洞察力。

    2.做事有計劃,能深思熟慮。

    3.對事情有高度的敏銳感及判斷力。

    4.友善的天性能跟同事相處愉快。

    5.找個具有挑戰性、創造性及多樣性的工作。

失敗時要注意的

    1.強烈的叛逆性及過度固執。

    2.喜歡跟同事唱反調。

    3.個性難以捉摸,做法太過前衛。

    4.容易承擔太多的工作壓力。

    5.三心二意,容易被其他事分心。

給水瓶座的愛情建議

    水瓶座的人道精神和藝術品位以及豐富創意,使他有著略帶神秘的特質,同時,他聰慧乖巧的生活態度讓人不由得喜歡他。對於他的愛情和友情,別人永遠也摸不透,只有他自己最清楚。簡單地說,水瓶座是知性派,唯有智慧型的人才能與他匹配,特別是知識水準高,會說話,應酬技巧高的類型。

    水瓶座的人是一個相當有彈性又很開放的人,能與各式各樣的

人結交朋友，並能順理成章地談起戀愛。他雖崇尚自由，但也十分固執，喜歡標新立異，有點特立獨行的味道。但要注意的是，他對朋友一視同仁的態度，容易使愛情流於柏拉圖式的戀愛。

◁» 在工作中不要得罪上司

　　水瓶座的人要明白，每個單位和部門的工作都是一個整體，分工是工作的需要。下屬要把自己置於上司和組織之間才行。試圖抬高自己，顯示自己的才幹，是很不明智的，所以水瓶座的人尤其要注意這一點，不要輕易得罪上司。作為下屬，重要的一點是給自己準確定位，既不能有意識地壓低自己，讓上司看不起自己；又不能故意抬高自己，給上司造成心理和精神上的壓力。

◁» 職場上的人際交往

　　由於水瓶座的人不善於應付禮教，對所有的人都用同一種態度應對，所以會變得不協調，從而招致別人的誤解。所謂社會秩序雖然是必要的，但是水瓶座的人卻吶喊著平等，這在成人的世界裏是行不通的。因為有差別待遇是不可避免的，劃分清楚也是必要的。水瓶座的人過分憎恨歧視，所以連區分的能力也都喪失了，所以水瓶座的人要知道，這樣做只會讓他對事物的判斷喪失標準而已！

◁» 給水瓶座的忠告

　　水瓶座最大的本領，是高度的自我認知能力。如果水瓶座在年輕時即展現過人的天賦，那麼他勢必愛自己勝過一切。水瓶座很少會做瘋狂的事，但是若看見一隻試圖摔碎自己的「水瓶」，別企圖

拼湊他，要知道他是真的想一碎了之，只能期待「瓶子」的碎片浴火重生了。

　　獻給水瓶座的男性的話：「寧為玉碎不為瓦全之後，你真的一點都不後悔嗎？」

　　獻給水瓶座的女性的話：「雖然妳考慮得很遠，但請妳學會與現實妥協。」

星座小測試

✎ 測試一：你的愛情自私嗎

　　有人說每個小孩都是藝術的精靈，如果現在讓你選擇從事藝術工作，你的選擇是？

　　A.畫家。

　　B.雕刻家。

　　C.攝影家。

　　D.作家。

📄 答案分析

　　A：你是個很自我中心的人，想做就做，想笑就笑，向來你就只為自己而活，不想遵守社會所訂立的規範。愛人想要改變你是不可能的事。因為你向來我行我素，另一方面也可以說是自私。獨斷專行的作風，讓對方覺得很辛苦。所以和你談戀愛的人，的確是有點累。自私指數 90%。

　　B：在愛情中，你是個認真的人，總是採取主動，不甘於愛情命運被人操縱，你用雙手去塑造你想像中的愛情形態。愛人要能配合你的想像，如果可以，兩人就相安無事，你也會是一個好愛人；如果有所差距，你那不能掌握一切的不安感就會發作。自私指數 75%。

　　C：你喜歡愛情中的互動感，只要你愛的人給你快樂，你就會回報。你在乎對方，也給予尊重，總是喜歡默默觀察對方的需求，

例如愛人的喜好，再用特別的方式，在特別的時刻，給予對方驚喜，讓愛人覺得很貼心。自私指數 15%。

D：在愛情戰場上，你最在乎的不是對方的外貌，也不是金錢，你最在乎的是有沒有得到對方的真感情。你討厭自私的人，所以你推己及人，在愛情中，你是會為對方著想的人，只是在技巧上多注意會更好，如果強迫對方接受你自以為是的好意，不也是一種自私嗎？自私指數 40%。

✎ 測試二：你能將愛情與事業分開嗎

有位健美先生使勁拉著一條繩子，由於圍觀者太多，以致看不見繩子那端。猜猜繩子那端到底是什麼？

A.綁在一棵大樹上。

B.拖著一輛車。

C.綁著一隻大象。

D.也是一位健美先生。

E.好幾位美女。

📄 答案分析

A：不管是在職場上還是情場上，你都能夠很專注，不但不會造成負面影響，反而會因為愛情順利、幸福，進而在工作上更加努力；而工作圓滿時，又使你變得光鮮亮麗、充滿自信。這樣的你，絕對能將事業與愛情間的微妙關係處理得很好。就算其中一樣不是很順心，你會把所有的不愉快都埋進心裏的角落去，當然也就沒有負面影響產生的可能性了。

　　B：你是一個事業心很重的人，凡事以工作為優先，尤其是面對極具挑戰性的任務時，寧可全心投入，推掉情人的邀約。當然，你一定常因為這樣，而與另一半發生爭執吧？對於這樣的你來說，最好是選擇一個能尊重你的工作的異性交往，才有可能讓愛情與事業兼顧哦！

　　C：你是非常感性的人，只要有愛，其他的好像都不重要了。這樣的你即使是在工作中，腦子裏想的也儘是「下次碰面時要穿什麼啦」「他現在在幹什麼呀」……這樣挺甜蜜的！不過，你在工作上可是會常出錯的，而且還有可能在職場上失去信用哦！男人呀，千萬不要對他好過了頭，收些心回來疼自己，借工作填補無法相見的日子，專心投入。相信你的愛情和事業不但能兼顧，還能更上一層樓。

　　D：對你來說，要將愛情與事業劃分開來，基本上是可以做得到的。但是你在和男友纏綿時都非常熱情地投入，激情過後的疲倦，往往讓你早上爬不起來，上班不是遲到，就是病假半天。而如果你和他之間持續沒有時間或機會在一起的話，你就會變得浮躁不安，在工作上錯誤百出。這樣的你一定要學會控制自己的慾望，千萬別讓情慾影響工作哦！

　　E：你非常努力地在愛情和事業間找尋平衡點，也積極地想要兼顧事業與愛情。但是你常常在工作異常忙碌時推掉約會加班，然後在加班時滿腦子裝的都是他。因此，你經常得不到你想要的圓滿。其實，現在的你只要做好時間管理，將約會和工作徹底區分開來，約會時拋開工作盡情享受甜蜜，工作時集中意識全心投入，就能讓事業和愛情都如意了。

Pisces

CHAPTER *13*

柔情似水的雙魚座

雙魚座（2/19~3/20）
多愁敏感，愛做夢、愛幻想的星座。
天生多情，使他常為"情"字掙扎，
情緒的波動起伏，也跟感情脫不了關
係；但他生性柔弱，很喜歡奉獻，也
不會隨意傷人。

 ## 浪漫多情的雙魚座

★雙魚座起源的美麗傳說

聽過愛神丘比特的故事嗎？愛神丘比特也有自己的愛情呢。只不過，那是一段很遠很遠的往事了。故事要從愛神維納斯說起。當維納斯還很年輕的時候，她愛上了大衛——古羅馬傳說中最美的男子。大衛是完美的，而維納斯是殘缺的，她是一個斷臂美女，她的殘缺在大衛眼中卻是如此的完整。他們的結合是神界裏最偉大的愛情，正因如此，上天賜給他們一件最能象徵愛情的禮物，那就是他們的孩子丘比特。

丘比特是一個長著雙翼的可愛男孩，他有一把玲瓏的神弓，凡是被他的箭射中的人都會相愛，而且會永遠幸福。但是，同樣渴望愛情的丘比特，卻不能帶給自己幸福，因為他無法用箭射中自己。在一次神的宴會上，維納斯帶著心愛的兒子丘比特前去參加，一個神情特別的女孩闖進了丘比特的心。這個女孩很漂亮，卻一臉的黯然神傷，丘比特走上前詢問原因，原來這個女孩是預言家所羅門的女兒血石。所羅門曾經預言這是一場災難的宴會，而她將成為這場災難的祭獻。丘比特聽後非常傷心，因為他不僅同情女孩的遭遇，而且已經不知不覺地愛上了她。

就在這時，可怕的百眼怪出現了！它呼風喚雨，將宴會攪得一塌糊塗。百眼怪是專門與眾神為敵的，它本領很大，眾神除了拼命地逃離，都拿它沒有辦法。血石說：「不能再這樣下去了，我們終究要除掉這個惡魔。」她似乎忘記了父親的預言，勇敢地衝向了怪

物。而丘比特在萬分擔心血石的情況下，竟慌亂地朝怪物射了一箭，他只想擊退它，卻忘了他自己的箭是做什麼用的。不幸的是，這只箭不僅射中了怪物，還射中了奔向怪物的血石！與此同時，維納斯找到了心愛的兒子，拉起他跳進河裏，他們變成兩條魚來脫險。丘比特無法掙脫母親的手，他含淚回頭望著血石和怪物一起離開，消失在茫茫的宇宙中……

後來，天上就有了一個星座叫雙魚座，可是丘比特不在上面，他一個人孤獨地坐在木星上，有時會向著地球的方向射上一箭。於是，浪漫的雙魚座女孩就會在世界末日與陌生人共舞，愛上他，然後移民到另一個星球去結婚生子……

★雙魚座的性格特點

雙魚座是古老輪迴的結束，這種古老輪迴後的靈魂，是一種透徹。也許正因如此，他總深陷在靈和慾之間，退縮在一種自創的夢幻之境裏。他愛做夢，也無時不在幻想，也常將這種情結搬到現實環境中，而顯得有些不切實際，但他是善良的，有絕對捨己助人的犧牲精神；他是敏感、仁慈、和善、寬厚、溫柔、與世無爭、多愁善感的純情主義者，也是 12 星座中最「多情」的一個。

雙魚座是個古老複雜的星座，包含了太多的情緒，所以在情緒方面起伏非常大，矛盾、敏銳的感性、知性、詩情和纖細的觸覺，種種衝擊之下，便產生了無與倫比的藝術天才。這是一個充滿神性、魔性，理解力，觀察力強卻又優柔寡斷，缺乏自信，神經質，自製力不強，又善變的像謎一般的星座。雙魚座的星座象徵，正是兩條魚各往相反的方向遊，一隻向上，一隻向下，沒有什麼比這幅

畫面更能正確形容雙魚座的複雜性格了。

雙魚座機敏，有智慧，有生活情趣。對自己和別人都同樣地關心。有時處理問題卻猶豫不決，優柔寡斷。有悲天憫人的情感和浪漫的藝術家氣質，悟性頗高，善解人意，細心周到，樂於談論精神生活中的話題。

雙魚座會把結婚想得太美好，在憧憬下結婚，不過溫馴的雙魚座，也有冷酷的一面。雙魚座有著一股擋不住的魅力，豐富的想像力和同情心，略帶羞怯、隱藏、神秘的特質，叫人不由得愛他。

★雙魚座的優點和缺點

雙魚座的優點：感情豐富，心地仁慈，捨己為人，不自私，具有想像力，善解人意，直覺力強，懂得包容，溫和有禮，容易信賴別人，不多疑，浪漫。

雙魚座的缺點：不夠實際，幻想太多，沒有足夠的危機意識，太情緒化，多愁善感，意志不堅定，缺乏面對現實的勇氣，容易陷入沮喪而不能自拔，很容易養成說謊的習慣，不善於理財，容易受環境影響，缺乏理性，感情用事。

★雙魚座的處世方針

雙魚座才華橫溢，喜歡幻想，能適應不同的環境和立場。有豐富的創造能力和藝術才華，沉溺於詩般的情節和夢想，認為真正的幸福是身靈合一的世界。選擇遠離俗世的生活，在物質上不會有太大的成就。富於同情，有自我犧牲的精神，尤其同情社會上的弱者和不幸的人。

★**雙魚座的幸運寶典**

守護星：海王星（象徵著高超的幻想力）。

守護神：波西頓。

幸運數字：7。

幸運日期：7 號，16 號，25 號。

幸運星期：星期四。

幸運時間：12：00～15：00。

幸運方向（約會方向）：東南東，北北東。

幸運場所：近水城市。

誕生石：海藍寶石（保護自身，消災，增加勇氣）。

守護石：綠柱石（激勵士氣，控制情緒，調和激情）。

幸運色：各種色度的薄荷色。

幸運寶石：綠柱石。

幸運材質：合金。

幸運花卉：水百合、蓮花。

適合服飾：質地柔軟的紳士淑女的服飾，重點在足部。

流行敏感度：創造流行。

每月最需注意的日期：9 號，18 號，27 號。

適合職業：醫師、教師、作家、演員、廣告從業者、社會工作者、慈善家。

適合定情飾品：耳環。

談情說愛的雙魚座

♥雙魚座的愛情總述

雙魚座的人善解人意，非常體貼，親切可人，因此深得朋友和家人的喜愛。雙魚座的人直覺很敏銳，做事很喜歡靠靈感。缺點是沒耐性，一遇到挫折時，就想一走了之。雙魚座的女性細心、優雅。對愛情常常懷著浪漫的憧憬，喜歡陶醉在幻想的愛情世界中。對於雙魚座的女性來說，愛情是生命，一生中會有無數次的戀愛機會，在戀愛中，她經常會迷失自己，看不見對方的缺點。雙魚座的人神秘，有些不可思議，人們無法知道他在想什麼或希望什麼。這一星座的人有點烏托邦的思想傾向，生活上也經常得過且過。

♥雙魚座男子的愛情觀

雙魚座男子在愛情方面，如果對方不主動向他傾訴衷情的話，他從不考慮去付之行動。他需要一個能指導他言行的精明強幹的生活伴侶。由於在戀愛問題上缺乏主動性，任人選擇和追求，容易促成並不隨他心願的結合。他不能忍受孤獨，本能地受到團體的吸引和影響。周圍的一切都會在他的思想中打上烙印，有時是很深的。他的思想有時會飛到虛無縹緲的世界中，有時也會陶醉在音樂、繪畫、詩歌和幻想的美好意境中。他很有可能成為男性中品德高尚的楷模，也可能成為不專一的、迷戀桃色的或不可思議的人。這將取決於他所接觸的環境及所受的教育和影響。

雙魚座的男子一般都缺乏實際感，比較愛揮霍。對處於困境中

的朋友有強烈的同情心，會毫不猶豫地慷慨解囊，真誠相助。生辰星位在處女座的女性，是個嚴謹而能幹的好主婦，她能輔佐他的事業，照管好他的財產，主動地承擔家庭的責任；他與溫情的巨蟹座女性，或樂於歡娛的天蠍座的女性，也會相處融洽。

♥雙魚座女子的愛情觀

雙魚座女子，性情溫柔，易於相處，她的身上有一種令人難以抵禦的奇異魅力。她是一個浪漫而富於幻想的人，對生活充滿熱望，但缺乏應變的能力，因此，她十分需要有人保護。她喜歡別人把一切都替她安排就緒。這一星座的女性多半像天真可愛的孩子，希望自己是丈夫的掌上明珠。在激動人心的大事面前或令人沮喪的情況下，她的情緒變化並不是很激烈，相反，會趨於平穩和冷靜。她的性格比較脆弱，有些反復無常。別人很容易用感情融化她，使其聽憑別人的支配。她需要學會說「不」字，這是她最好的自衛方法。她的一生是充滿想像和富有色彩的一生。她鍾情的人也許與她想像中的偶像截然不同，但她還是會熱情、真誠地投入他的懷抱。她忠於愛情並願意為愛情而獻身。她的愛情生活充滿神秘色彩，或者全然聽天由命，或者追求柏拉圖式的意境。

雙魚座女子的興趣面比較集中，物質或錢對她吸引力不大，甚至對其缺乏必要的概念。在管理家政和經濟方面，她需要有人協助。生辰星位在處女座的男性真誠而審慎，能夠理解她、支持她、尊重她；巨蟹座的男性在性格上與她有許多共同之處，他們彼此心照不宣，自然和諧；天蠍座的男性對她會產生好感，並會用富有激情的愛打動她的心，而她也喜歡他的男性氣質和力量。

♥雙魚座的愛情配對

男性：為人謙和隨意，極有人緣。富有獻身精神和想像力，對工作會盡職盡責，全心全力地去做。為人慷慨，多有同情心，極受異性喜愛。對周圍環境的變化比較敏感，有時多思多慮，無端自憂。受他人影響，可能沾染不健康的癖好。

女性：溫柔可人，充滿幻想，處事謹慎，為人謙和。不愛拋頭露面，不顯山不露水地做好自己的事情，心裏就十分滿足。處事優柔寡斷，尤其在情感問題上，更是當斷不斷。好追求浪漫多彩的生活。

最來電的星座：天蠍座。配對指數 100 分（雙魚座居上風）。

雙魚座跟天蠍座都比較傾向為愛而談戀愛，因此兩人會互相吸引；全心投入愛情的比例可說是「旗鼓相當」，不過一旦愛上了，舉止有時會有一些瘋狂。

最不協調的星座：獅子座。配對指數 40 分（雙魚座居下風）。

雙魚座很容易迷戀上獅子座，獅子座也容易愛上嬌柔的雙魚座，但獅子座的粗枝大葉總是輕易便傷到敏感、需要憐愛的雙魚座。這形成了問題的開端，然後就會漸漸擴散開來。

工作中的雙魚座

■雙魚座的 EQ 指數

EQ 指數為 80～90。

雙魚座堪稱最浪漫、也最富創造力的星座。由於在他身邊沒什麼壓力，雙魚座的人緣也是一級棒。他總能以一種非常獨特的方式來表示內心的浪漫情感，不過，雙魚座的情緒有時也會令人難以忍受，這大概是藝術家的特性吧！雙魚座與生俱來的同情心讓他看到別人有困難時，願意傾心去幫助他，卻也因為和藹的特質，易受人利用，應該好好學習清楚地說聲「不」！別成為永遠的好好先生或好好小姐。

■雙魚座的工作態度

不講究證據及注重研究精神的雙魚座，喜歡憑自己的感覺行事，不管別人如何建議，只要認為可行就會一意孤行，不願採納別人的勸告，這種個性往往帶來不幸的後果。尤其在工作中，如果雙魚座的人想要事業有成，就必須放棄自己的主觀意識，多多接受別人的意見和想法，不管喜歡或厭惡，都要增加一些理性的判斷，才不會只是一條愛幻想的「魚」而已。

容易受到周圍環境影響的雙魚座，服務的精神旺盛，能體貼他人，待人溫柔有禮。因為本質就同水一樣具流動性，對於外界的刺激一有敏感的反應，就會依環境轉換成正直或邪惡的個性，是屬於光明與黑暗並存內心的人。所以，如果凡事遂願，就不會表現出自

私的一面；可是一旦遇到挫折，就會手足失措，逃避責任。因此，能不能在社會上成功，全憑所在的環境及個人的因素。

■雙魚座適合的工作

雙魚座是最像藝術家的星座，所以對他來說，和藝術有關的職業都很適合哦！例如，畫家、詩人或舞蹈家等都很適合他。同時，善良的他也很適合從事社會福利和慈善事業，這些對於發揮他過於悲天憫人的天性倒是一個不錯的方式。除此之外，對於宗教和玄學，雙魚座都有著特別的天分，能夠發揮他敏感而神秘的特質，感受到別人所忽略掉的事物。另外，雙魚座也適合從事航海業，漁業等工作。

■雙魚座最佳辦公室星座組合

個體性質：製造業績我不行，製造浪漫我最行。

想要讓雙魚座好好地專心在工作上是一件困難的事，他常常一拿起電話筒，就說個不停，等到放下話筒的那個時間，看看牆上的鐘——它不是壞了，而是已經轉了兩圈半了。知道他的特質之後，如果你覺得需要他幫忙，再找他也不遲，因為他有一顆隨時待命、犧牲奉獻的心，他不會分敵我，只要你裝得夠可憐，夠落魄，他的大門隨時都會為你打開。

最佳辦公室星座組合：金牛座、天蠍座、處女座、巨蟹座、摩羯座。

■雙魚座工作小竅門

雙魚座：避免被人利用。

雙魚座不管外表多麼堅強，內心都是最容易被別人控制的類型。一兩句好話，也許就會讓菩薩心腸的雙魚座，心甘情願地被別人利用了。尤其當所在工作崗位有強勢領導或者強勢同事時候，就更容易成為其犧牲品。雙魚座需要學會適當堅持自己的主張，學會不退讓。

雙魚座的健康與時尚

✚雙魚座的健康之道

雙魚座的人只要一碰到自己有興趣的事情，常常會一頭栽進去，忙到廢寢忘食的地步。這樣對他的健康真的會有影響。雙魚座最容易出現的健康問題，在心血管和精神系統方面，由於自身敏感的個性，使得精神容易出現異常反應，以致造成憂鬱或焦慮傾向，不穩定的情緒也會引發內分泌失調，導致臉上長出惱人的痘痘。雙魚座的人淋巴腺不太流通，體內廢物無法排泄出來，所以體質很虛弱，又容易水腫。最適合雙魚座減肥的方式是：多喝茶達到利尿的效果，做做按摩，泡澡，「魚」一定要多泡在水裏，讓自己的新陳代謝好起來，身體自然就會健康起來。

✚雙魚座的健康狀況

體質敏感的雙魚座，對藥物經常會產生不良反應，因此在用藥時千萬要特別小心，尤其應該慎防副作用。在生理保健方面，應該注意腳部、神經系統和心臟的健康。雙魚座的人，容易有貧血的毛病，所以在飲食方面，應該多食用魚類，少吃肉類。食量不大的雙魚座，喜歡以少吃多餐的方式進食。如果能儘量少吃零食，多吃新鮮的蔬果，會對身體健康產生正面作用。

✚雙魚座的飲食禁忌

感情細膩、個性敏感的雙魚座還易遭受情感上的創傷。五光十

色的生活讓雙魚座沉醉其中，大吃大喝，夜不歸宿是常有的事。因此，要想擁有健康的關鍵在於良好的飲食習慣，適當的鍛鍊和休息。磷酸鐵在雙魚座的飲食裏發揮著重要作用。缺乏鐵可能導致貧血、低血壓、炎症等問題。富含這種物質的有動物內臟、葡萄乾、瘦牛肉、羊羔肉、蛋黃、牡蠣、大麥、幹豆、甜菜、菠菜、萵苣、蔥、棗、杏、桃子、葡萄、蘋果、檸檬和橘子。少食精製鹽，以免引起腫脹；有刺激作用的咖啡也應少喝；最忌酒精含量高的飲品。雙魚座的人，對藥物十分敏感，所以千萬不要用減肥藥來摧殘自己。儘量以少食多餐的方式進食。飲食最好是清淡不油膩，諸如穀類、蔬菜、低脂食物等，至於狂歡暢飲，暴飲暴食最好是能免則免。

✚健康減肥大作戰

瘦身必殺技：蔬果瘦身法

雙魚座比較纖弱的身體，只能用溫和一些的方法進行減肥，多吃一些天然含有瘦身成分的水果和蔬菜是最好的辦法，又瘦又健康！水果中比如：葡萄柚、獼猴桃，蘋果、香蕉。蔬菜中比如：冬瓜、芹菜、苦瓜、黃瓜等。把手邊的零食扔掉，努力地吃這些既健康又有營養的蔬菜和水果，是雙魚座最好的減肥秘方。

極富感性的雙魚座，溫柔善良的個性，加上極其豐富的想像力，唯美浪漫是他對生活的追求，相對的，在自我身材上的要求亦是如此，選擇不激烈的方式最適合雙魚座的個性，如：瑜伽、游泳……都是有益身心的運動項目，或是做做沐浴時的瘦身操，在香噴噴的泡泡浴內亦能美化自己。當然，水是最重要的養顏聖品，水

分多的水果可以多多食用，既可以瘦身健體，又有美容養顏的功效。

✚雙魚座的時尚寶典

雙魚座的女性體態優雅，有一頭烏黑的秀髮，柔和的雙眸，纖細的腰，因此非常適合女性化的裝扮。緊身、成熟的裝扮反而會減損你的魅力，蕾絲、蝴蝶結、花色洋裝都很適合妳，妳就如幻想中的公主一樣可愛俏麗。一襲連身洋裝強調腰部的柔美線條，細腰帶，輕柔的材質，更能表達女性的美，散發無限魅力。

適合雙魚座的顏色有寶藍、胭脂紅與紫紅等。可愛的妳也適合吊帶褲，搭配卡通圖案的上衣或T恤，襯托出活潑、年輕的風采。碎花裙或上衣都很適合妳。燈籠袖的碎花襯衫，搭配紫紅圓裙或長褲，增添了幾分輕快感。雙魚座女性適合可愛髮型，頭髮可自然幹，亂中有序的樣子很討人喜歡。長髮可編成辮子後，盤在頭上用緞帶裝飾，令人覺得古典俏麗，凡是有娃娃或卡通圖案的飾品都很適合你，選擇小型的背帶式皮包較為適宜。

雙魚座感情豐富，性格溫馴甜美，且包容力強。因此建議此星座的 MM 採用一些低調，充滿浪漫氣息的色彩，如海藍色，青綠色等為主色調的飾品和化妝品，簡單、古典的設計更能彰顯妳溫柔、婉約的性格。

給雙魚座的一些建議

📢 成功需要做的

1. 有很多權威感、判斷力。

2. 善加發揮想像力及第六感。

3. 增強自己的記憶力。

4. 多培養適應能力。

5. 做事要有信心。

📢 失敗時要注意的

1. 工作中不要過於敏感。

2. 做事容易迷迷糊糊。

3. 記得守時，別太被動。

4. 喜歡拖時間，不夠積極。

5. 過分相信別人，為自己帶來麻煩。

📢 給雙魚座的愛情建議

敏感又感性的你，談起戀愛來相當投入，會無私地奉獻自己，如果碰上情場浪子會死得很慘。有點任性的你，在分手時容易有牽扯不清的現象，舊情復燃是有可能的，所以分手時，不要把什麼惡毒的話都說出來，造成不可收拾的結局。

你即使被騙，仍會是為對方犧牲自己的「有自我犧牲精神」者，所以誠實且忠心是做你戀人的第一條件，花心、巧言令色的人

要敬而遠之；對方要有包容力，才能容忍動不動就發脾氣的你，最好是能讓你撒嬌的人。

工作應努力勤奮

雙魚座的人容易陷入虛幻的空想，或希望能通過一些「省力」的巧功夫得到想要的東西，這是不可取的。只有勤奮，人才能走好人生的路，獲得事業的輝煌。在生命的尋常事務裏，勤奮可以使雙魚座的人更充分地發揮自己的聰明才智，獲得很大的成功。

懶惰者，缺少的是行動，他往往沉於幻想。他是思想的巨人，行動的矮子。他的信條是：幸運、等待。其實，幸運只給勤奮者，等待只會浪費時間，而等不來生命。懶惰，其實就是否定自己。把自己的生命，一點點送入虛無。懶惰，也是一種浪費，它浪費的是寶貴的生命。

職場上的人際交往

雙魚座的人不擅長拒絕別人，經常讓問題不斷地延長下去。雙魚座的人有這樣的性格：他不會說「不」，但是卻會邊做邊發牢騷，要麼就是半途溜走。如果是這樣，倒不如最開始的時候就明明白白地拒絕別人，雙方的心情都來得輕鬆。由於雙魚座的人很好，所以經常被捲入很麻煩的問題當中，甚至被騙。所以平時還是要讓自己的腦袋清醒一些，別老是迷迷糊糊的。

給雙魚座的忠告

雙魚座在 12 星座中排行第 12，受到掌管隱藏、秘密、不可

見、不可觸的神秘之物的第 12 宮所支配，會表現出一些神秘特質，也就是所謂的第六感，因此對事物有敏銳的觀察力，也喜歡依自己的觀點判斷，只是有時意志很堅強，有時又很薄弱，情緒的變化很大。所以雙魚座的人要切記不要感情用事。雙魚座很會存錢，但也是個浪費家，只要想買的東西就會衝動買下來，對金錢並不執著，皮包裏有多少錢就花多少錢，沒有節制，而且受不了誘惑。對於金錢缺乏概念，沒有執著心，是不能存錢的原因，但這並不表示對金錢沒有慾望，反而會為了錢，拼命工作也在所不惜。因此，雙魚座的人要多多向一些善於理財的人學習，不要把錢花在沒什麼大用處的地方。

星座小測試

✎ 你的愛情心理年齡是幾歲

我們常聽人說：年齡不是問題。但這指的是實際的年齡。我們經常忽略的，其實是愛情本身的年齡。20 歲的人，愛情年齡可能只有 15 歲，也可能已經 35 歲了。知道彼此的愛情年齡，會讓我們更懂得如何對待彼此。

1.如果朋友臨時取消約會，你會怎麼安排自己的時間？

　A.去逛逛早就想逛的地方。

　B.趕快打電話找別的朋友出來。

　C.無所事事、心情很悶地到處亂晃。

2.在網路聊天室裏遇到陌生人跟你搭訕，你會作何處理？

　A.先試著聊天看看，如果還不錯就留下 E-mail。

　B.保持曖昧空間地跟對方談話。

　C.立刻跑掉或是完全不回應他。

3.如果你收到情人送你的戒指，你會戴在哪只手指上呢？

　A.中指。

　B.無名指。

　C.小指。

4.若是情人討厭你的某位朋友，你會……

　A.從此跟那位朋友斷絕關係。

　B.瞞著情人跟那位朋友聯絡。

　C.完全不理情人的抱怨。

5.當情人要求你當街親吻他，你會……

　A.擁吻有何不可，立刻熱烈地回應。

　B.表示自己會害羞，親吻對方的臉頰或手作為讓步。

　C.斷然拒絕。

6.白雪公主的故事中，你最喜歡哪一幕？

　A.白雪公主在小矮人家睡著。

　B.小矮人們為公主製作玻璃棺。

　C.王子扶起公主使毒蘋果掉出，而公主醒來。

7.一出演出夫妻外遇的連續劇，你最容易認同哪個角色？

　A.外遇的一方。

　B.苦情守候的一方。

　C.第三者。

8.你看到路邊有個人一邊等候一邊不停地看表，你認為他是？

　A.跟情人約會，但對方遲到了。

　B.等公車，車再不來他就會遲到。

　C.朋友或情人進銀行去辦事，他在想對方何時才能把事情忙
　　完。

9.你和情人約在一家新餐廳共進晚餐，你會挑選哪個座位？

　A.窗邊的座位。

　B.最能欣賞到鋼琴演奏的位置。

　C.最角落的位置。

10.你走過一家店，傳來一陣香味，你覺得那是？

　A.剛烤好的麵包香。

　B.帶有果香味的香水。

　C.咖啡香。

11.你看到兩個人正在說悄悄話，你覺得聽的那個人會有何反應？

A.皺著眉頭不說話。

B.強力忍著笑意。

C.到處東張西望。

12.如果你可以選擇一個夢境，你會選擇什麼樣的夢？

A.夢到自己是個「萬人迷」，每個認識的人都想向自己表示愛意。

B.夢中自己是個億萬富翁，能夠呼風喚雨。

C.夢見自己是個平凡的人，有平凡的家庭，一家人和樂融融。

13.你將在三個你喜歡的對象中挑選一位交往，但他們各有缺點，你會選擇誰？

A.樣樣都好，就是非常窮。

B.有錢、體貼、風趣、年輕，但是很花心。

C.平凡卻老實，有點年紀。

14.你打翻了一個杯子，你覺得裏面裝的是？

A.葡萄酒。

B.滿滿的白開水。

C.空的。

15.你睡得正熟時，突然地震了，你的第一個反應是？

A.趕快找個地方躲。

B.趕快逃出去。

C.先繼續睡，如果搖得厲害再作反應。

計分方法：

	1.	2.	3.	4.	5.	6.	7.	8.	9.	10.	11.	12.	13.	14.	15.
A	5	3	1	1	1	3	5	1	1	3	5	3	1	1	3
B	3	5	5	3	5	5	1	3	5	5	3	5	3	5	1
C	1	1	3	5	3	1	3	5	3	1	1	1	5	3	5

📄 答案解析

★15～22 分

我猜你自己不會承認，不過，你確實還處在愛情的青少年期，不論你現在的年齡多大。你大概是愛情小說或連續劇的愛好者，面對愛情真正的困境處理起來非常生澀。如果你遇到一個愛情老手，你可能總是摸不透他的心意；甚至覺得對方忽冷忽熱。不過，那其實只是你欠缺經驗而已。如果你跟一個愛情年齡與你相仿的人戀愛，你們大概可以共用轟轟烈烈的愛情。無論如何，如果你的愛情並不順利，也無須灰心；更不必覺得這是我一生的最愛，因為，再多談幾次戀愛你就會發現，現在的你，實在是太年輕，太容易感傷了！

★23～36 分

你的愛情大概是 20～29 歲的年紀，青春正好，有衝勁，也比較懂得進退。不過，你最常犯的毛病是高估自己；以為自己可以不忌妒；以為自己想要的是自由……正確地說，你還不夠瞭解自己愛情的長相，還需要一點歷練來使你的愛情發光。你很容易被為你傾倒的愛情青少年所吸引，他們以你為生活重心的虛榮感使你飄飄欲

仙。但是，你可得記住，你並沒你自己想像中那麼有辦法，一起成長當然是好的，千萬不要悲劇英雄似的，自己一肩扛下所有情緒重擔，到時候，你可能反而是最先逃跑的人。

★37～44 分

　　你的愛情年齡已經進入成熟期，就像人說：「三十而立。」你開始有種「老了」的感歎，認為自己可以把愛情的分寸拿捏得當，卻無法像年輕時那麼盡興地相愛。你偶爾會感到疲倦，有時會有些寂寞，雖然你可以很快把它們都處理好，但是心裏還是有個遺憾很難被撫平。你跟愛情年齡比你小的人交往，總是從他們身上感受到年輕的魅力，卻也經常會冷眼旁觀他們愛情歲月的增長。你大概只能在愛情年齡比你年長的人身上找到安慰，雖然你不見得會愛上對方。不過，有時別放棄給自己年輕一下的機會，就算是老年期的河川，也是有回春的機會的。

★45～65 分

　　你的愛情，不但成熟，而且沉澱。有種境界叫：「見山又是山，見水又是水。」你大概就是如此吧！你終於可以很溫柔地看待不同愛情階段的人，並且可以很溫柔地陪伴和對待對方，你不企求長相守的承諾，因為你深知其中的難處；你不會殘忍地打破愛情中年輕人的夢想，你只會微笑地等他看見當中的青澀。如果，有個人能真正地愛你，也真正被你所愛，那麼一定是件幸福的事；不，不只是幸福，應該說，這才是最浪漫的事。

國家圖書館出版品預行編目資料

12星座人生全攻略／朦朦夫人編著. -- 2 版. -- 新北市：菁品文
化, 2019. 12
　　面；　　公分. --（新知識；110）

　　ISBN 978-986-97881-9-9（平裝）

　　1. 占星術

292.22　　　　　　　　　　　　　　　　　　　108018965

新知識 110
12 星座人生全攻略（暢銷修訂版）

編　　　著　朦朦夫人
發 行 人　李木連
執 行 企 劃　林建成
設 計 編 排　菩薩蠻電腦科技有限公司
印　　　刷　博客斯彩藝有限公司
出 版 者　菁品文化事業有限公司
　　　　　　地址／23556 新北市中和區中板路 7 之 5 號 5 樓
　　　　　　電話／02-22235029　傳真／02-22234544
　　　　　　E-mail：jingpinbook@yahoo.com.tw
郵 政 劃 撥　19957041　戶名：菁品文化事業有限公司
總 經 銷　創智文化有限公司
　　　　　　地址／23674新北市土城區忠承路89號6樓（永寧科技園區）
　　　　　　電話／02-22683489　傳真／02-22696560
版　　　次　2019年12月二版一刷
定　　　價　新台幣300元　（缺頁或破損的書，請寄回更換）

I S B N　978-986-97881-9-9
本書 CVS 通路由美璟文化有限公司提供　02-27239968